LES LOIS
DE L'ESPRIT

Du même auteur :

Le Guerrier pacifique, Éditions Vivez Soleil, 1985.
Le Voyage sacré du guerrier pacifique, Éditions Vivez Soleil, 1993.
La Voie du guerrier pacifique, Éditions du Roseau, 1994.
Votre chemin de vie, Éditions du Roseau, 1995.

Dan Millman

Les Lois de L'Esprit

traduit de l'anglais par
Annie J. Ollivier

Données de catalogage avant publication (Canada)

Millman, Dan
　　　Les lois de l'Esprit
　　　Traduction de: The laws of spirit.
　　　ISBN: 2-920083-99-6
　　　1. Vie spirituelle.　2. Actualisation de soi.　I. Titre
BL624.M49214 1996　　　291.4'4　　　C96-940054-3

Conception graphique
de la page couverture: Carl Lemyre
Infographie: Infoconcept
Titre original: *The Laws of Spirit,*
　　　　　　　HJ Kramer Inc
Copyright © 1995 Dan Millman
Copyright © 1996 Éditions du Roseau,
　　　　　　　pour la traduction française
Tous droits de traduction, de reproduction
et d'adaptation réservés pour tous pays.
ISBN 2-920083-99-6
Dépôt légal – Bibliothèque nationale du Québec, 1996
　　　　　　　Bibliothèque nationale du Canada, 1996
Distribution: Diffusion Raffin
　　　　　　　7870, Fleuricourt
　　　　　　　St-Léonard　QC
　　　　　　　H1R 2L3

Il existe un mystère auquel beaucoup de gens
ont attribué le nom de Dieu,
mystère qui se manifeste
sous la forme d'Amour Universel,
d'une série de lois et
d'un processus supérieur.
Ce processus est à l'œuvre
en chacun de nous sans exception et
il est parfait.
Alors que cette vérité fondamentale
nous est révélée peu à peu
au cours du voyage que notre vie
nous fait entreprendre,
nous découvrons que,
peu importe où nous posons le pied,
un chemin naît sous nos pas.

REMERCIEMENTS

Je me sers non seulement de ma propre matière grise
mais également de celle de tous ceux qui m'entourent.

Woodrow Wilson

Même si un livre porte le nom de son auteur, il
représente en fait un effort collectif. Dans l'élaboration de cet ouvrage, j'ai mis à contribution le
talent d'une foule de professionnels et d'amis. Je
remercie donc ici la personne qui a révisé et « sculpté »
mon texte, Nancy Carleton, mon ami et collègue de
plume, Doug Childers, ainsi que Linda Kramer et
toute l'équipe de H J Kramer Inc. Je veux aussi exprimer toute mon appréciation à Dick Schuettge, Jim
Marin, Stan Shoptaugh, Peter Russell, Holly Demé,
Jerry Gregoire, David Kay, Jason Seeber, Wes Tabler,
Fred Taub, Beth Wilson et à tous ceux qui, à leur
façon respective, ont participé à la création de ce livre.
Je désire en dernier lieu exprimer ma très grande
reconnaissance à ma famille proche pour l'appui et la
compréhension dont elle a fait preuve à mon égard,
ainsi qu'à la famille grandissante de lecteurs qui
m'incitent à poursuivre la rédaction de tels ouvrages.

PRÉFACE

On ne peut rien apprendre aux gens.
On peut seulement les aider à découvrir
qu'ils possèdent déjà en eux
tout ce qui est à apprendre.

Galilée

*Q*uels sont les plus importants principes de vie que vous
ayez appris? Cette même question, je me la suis
posée il y a quelques années. Et, depuis, le temps et
l'expérience m'ont apporté certaines réponses et une
compréhension intuitive des choses. Celles-ci ont porté
fruit puisqu'elles ont permis de donner naissance à cet
ouvrage, *Les Lois de l'Esprit*.

Les lois spirituelles sont l'apanage de tout un chacun. Elles habitent nos cœurs et constituent le fondement de toute religion, toute culture ou tout système
moral. Une de mes façons de reprendre contact avec
ces lois est de me poser la question suivante: «Si
je devais rencontrer mon Moi supérieur dans les

montagnes sous la forme d'un être sage, que m'apprendrait donc cet être ?» Cette question nous permet de capter la source de sagesse que chacun abrite en soi.

Même si tous les parcours sont véritables, ils ne sont pas tous factuels. Dans ce livre, *Les Lois de l'Esprit*, j'expose des lois spirituelles par le biais d'une série de conversations et de rencontres avec une sage fictive, une femme d'une grâce et d'un discernement extraordinaires, qui dispense son enseignement par l'intermédiaire du langage imagé du monde de la nature.

À l'inverse de mes précédents récits d'aventures, ce livre ressemble beaucoup plus à une parabole qu'à un roman. Le personnage archétype qu'est la sage de la montagne donne à ces vérités simples mais cependant puissantes, tout ce qu'elles peuvent avoir de profond et d'émotionnel. Alors que cette sage guide mes pas sur les sentiers de la montagne, j'invite mes lecteurs à « voyager » avec moi et à explorer les lois les plus éclairantes qui soient et que nous sommes voués à maîtriser sur les chemins sinueux de nos vies. Ces lois ont élargi mes horizons et ont été l'instrument du changement du cours de ma vie. J'espère et je crois sincèrement qu'il en sera de même pour vous.

Dan Millman
Printemps 1995

INTRODUCTION

RENCONTRE AVEC UNE SAGE
DE LA MONTAGNE

*La montagne et moi restons assis ensemble
jusqu'à ce qu'il ne reste plus que la montagne.*

Li Po

Depuis des années, que ce soit pour le plaisir ou ma santé, je fais souvent des excursions dans les étendues sauvages qui se trouvent à proximité de chez moi : je monte en empruntant les étroits passages de cerfs et redescends en suivant la pente des collines recouvertes de chênes, de pins et d'arbustes. Je vagabonde sans réfléchir le long des montagnes qui mènent à la côte.

Au cours d'une de ces excursions, il y a quelques années, alors que le reste de la famille s'était absentée pour une longue fin de semaine, je m'étais levé avant l'aube et avais quitté la maison sans idée préconçue de mon trajet, sauf celle de monter en prenant mon temps et d'explorer des coins inconnus. Ces montagnes, ne dépassant pas les mille mètres d'altitude et suffisamment vallonnées pour faire perdre de vue toute civilisation, suscitaient en moi une impression de mystère et d'émerveillement alors que je m'imaginais être à des centaines de kilomètres de toute vie urbaine.

Les collines ondoyantes étaient le reflet des hauts et des bas de ma propre vie intérieure. À cette époque-là, je tournais en rond, j'étais dans un creux rempli de doutes et ma vie avait pris un rythme routinier bien réglé. C'est pourquoi, ce matin-là, j'étais parti dans les collines en emportant avec moi le désir non avoué de trouver du nouveau, de l'excitation, de l'inspiration. J'allais bientôt découvrir la véracité du dicton suivant: « Attention à ce que tu souhaites car, chose souhaitée pourrait bien t'arriver. »

Ce matin-là, des nuages bas poussés par le vent côtier s'étaient arrêtés au-dessus de la campagne sauvage et je m'étais retrouvé, après être monté sur une certaine distance, dans un repli de terrain, complètement enveloppé par le brouillard. Un brouillard si épais que je n'y voyais pas plus loin qu'un mètre ou deux. L'air était devenu froid et immobile, et je perdis bientôt tout sens de l'orientation. Entendant alors un cours d'eau quelque part plus bas, je continuai mon ascension en le maintenant derrière moi afin, pensai-je, de pouvoir sortir de cette vallée ensevelie sous la brume.

En peu de temps, j'arrivai sur un replat abrité par d'antiques chênes et juché juste au-dessus d'une pente abrupte. Tout à fait par accident, j'avais accédé au replat par le seul angle possible, c'est-à-dire par un sentier étroit qui traversait une barrière d'immenses rochers. Alors que je continuais à monter en contournant un de ces gros rochers, la brume se dissipa et laissa apparaître devant moi une minuscule cabane. Je m'en approchai et frappai discrètement à la porte.

À ma grande surprise, une voix résonante répondit chaleureusement de façon inattendue à mes coups sur la porte, un peu comme si j'étais un invité attendu depuis longue date : « Mais entre donc, pèlerin ! Entre ! » Et alors, m'éloignant du sentier battu qu'était ma vie, je poussai la porte et découvris la sage, qui était paisiblement assise et souriait en me regardant. Sans aucune raison apparente que je puisse comprendre, j'eus soudainement la chair de poule sur les bras.

La femme, assise dans une position empreinte de grâce féline, bien droite mais détendue, était installée en équilibre parfait sur un coussin de feuilles étalées sur le sol de terre battue. Elle portait une tunique verte. Peut-être s'imagine-t-elle être dans la forêt de Sherwood, pensai-je.

Ses yeux retinrent mon attention : des yeux en amande, couleur noisette, éclairés par un rayon de soleil qui filtrait à travers une fente du mur, des yeux sertis comme des joyaux dans un visage à la peau oli-vâtre lisse. Son visage était couronné par des cheveux châtains coupés courts qui ne donnaient aucune indi-cation nette de son âge, sa race ou sa culture. Cette femme semblait être enveloppée d'un champ lumi-neux d'énergie, que je mettais sur le compte des rayons du soleil.

Je me sentis soudain étrangement désorienté. J'eus l'impression de perdre tous mes points de repère temporels et spatiaux. Me trouvais-je dans une forêt vierge tropicale, sur une colline de l'Albion shakespea-rienne, dans les Highlands écossais ou sur une monta-gne abritant des immortels chinois?

«Il y a longtemps que je n'ai pas reçu de visiteur, dit-elle. Je suis très contente que tu sois venu, car j'ai beaucoup à partager. Et j'ai besoin de ton aide pour mener à bien une mission de grande importance.»

Était-elle perdue? Avait-elle besoin d'un guide? Un peu mystifié mais intrigué, je répondis seulement: «Cela me semble intéressant.»

«Intéressant, cela le sera certainement pour toi, répliqua-t-elle. Mais, tout d'abord, tu as besoin de t'entraîner un peu, de te préparer.»

«De me préparer? Si ça doit prendre plus que quelques heures, je ne pense pas avoir le temps.»

«Tu as à la fois plus et moins de temps que tu ne l'imagines», me répondit-elle étrangement. La considérant tout à fait inoffensive malgré ses façons curieuses, je décidai d'entrer dans son jeu et de voir où tout cela me mènerait. D'un geste, elle m'invita à m'asseoir. « Mets-toi à l'aise, pèlerin ! Je sais pourquoi tu es venu et je sais aussi que ton voyage a été long jusqu'ici. »

J'étais sur le point de lui dire que nous nous trouvions à peine à une heure de marche de chez moi, quand je compris qu'elle ne parlait pas de mon excursion matinale mais du long sentier sinueux qu'avait été ma vie jusqu'à ce moment-là.

À l'instant même, mon esprit fut submergé d'innombrables images et impressions provenant d'une multitude d'époques et de cultures différentes. J'eus l'étrange sensation qu'il y avait un lien entre elles et la femme. Puis le doute me vint à l'esprit. Cette femme n'était certainement qu'une personne vivant en solitaire et j'inventais toute une histoire là où il n'y en avait pas.

« Qui êtes-vous ? » lui demandai-je.

« Un reflet dans un étang paisible, me répondit-elle. Un rayon de lune dans la nuit obscure, aussi fraîche que la rosée du matin et aussi vieille que la Terre. Tout est en moi et je suis dans tout. Au-delà de ça, cher pèlerin, je ne pourrais t'en dire plus car ma vie est aussi mystérieuse que la tienne. La seule différence entre nous, c'est que je vis dans un monde de spiritualité auquel tu commences à peine à t'éveiller. »

Interloqué tout d'abord, je finis par lui demander : « Comment dois-je m'adresser à vous ? Avez-vous un nom ? »

« Un nom ? » s'exclama-t-elle sincèrement de surprise en me regardant. « J'ai tellement eu de noms que je m'en souviens à peine. »

« Comment vous appelez-vous ? »

« Je m'appelle très rarement. » Et ce fut tout ce qu'elle eut à répondre.

« Bon. Alors, d'où venez-vous ? »

« Je m'aventure à sortir du passé et du futur. Je vis dans l'éternel présent. Toi et moi, nous nous sommes perdus et retrouvés à maintes et maintes reprises. J'ai travaillé avec toi dans une vieille station service et j'ai traversé en ta compagnie la forêt tropicale hawaïenne. J'ai vécu dans de grandes villes. J'ai déjà siégé en haute instance sous des coupoles ornées d'or et d'argent. J'ai connu le confort d'un foyer et la solitude des monastères de montagne. J'ai travaillé dans les champs poussiéreux et connu la richesse et les risques inhérents à la grande entreprise. J'ai déjà ressenti les affres de la pauvreté. J'ai marché sous des cieux constellés de joyaux étoilés, parmi des ombres jetées sur le sol par le clair de lune. J'ai navigué sur les mers, ai gagné et perdu des fortunes, connu la santé et la maladie, le plaisir et la souffrance. Et j'ai découvert des trésors qui t'éblouiraient, des soieries luminescentes, des opales grosses comme le poing et des pierres précieuses multicolores rutilant de tous leurs feux. Mais ce que je voudrais partager avec toi est le plus grand de tous les trésors, c'est un trésor qui grandit lorsqu'on le partage et qui ne perd jamais son éclat. »

Alors qu'elle continuait à parler, sa voix était devenue la voix de tous les peuples, changeant de son comme le vent qui tourne, soufflant le long des corridors poussiéreux de l'histoire et sur des lieux illuminés par une lumière éclatante. « La magie existe dans ce monde, cher pèlerin. Mon intention est de te faire connaître les secrets de l'alchimie. »

« Comme de transformer le vulgaire métal en or ? »

Elle sourit. « Jouer avec les minéraux n'est rien d'autre qu'un truc de chimiste. L'alchimie dont je te parle ici peut transmuer les éléments les plus vils de ta vie, comme les peurs, la confusion, les préoccupations et les difficultés, en un or inestimable, celui de la liberté et de la clarté, celui de la sérénité et de la joie. Les secrets que je veux te faire connaître sont les lois de l'Esprit. »

« Vous parlez d'"Esprit". Croyez-vous en Dieu ? Êtes-vous adepte d'une religion ? » lui demandai-je.

Elle sourit à ma demande. « Il n'est pas nécessaire de croire au soleil pour se délecter de la chaude lumière de ses rayons matinaux. C'est tout simplement une évidence. Telle est mon expérience de Dieu. Pour ce qui est de ma religion », poursuivit-elle en fixant le lointain comme si les souvenirs de temps anciens lui revenaient, « j'ai déjà eu ma place dans les temples illuminés des Israélites et sous les flèches glorieuses des mosquées de l'Islam, je me suis agenouillée dans des cathédrales grandioses et j'ai baigné dans la lumière de la chrétienté. J'ai connu les tentes de purification amérindiennes et tendu le calumet à mes pairs, j'ai vécu comme une chamane dans les plaines d'Afrique, médité dans des temples bouddhistes et respiré le doux parfum de l'encens sur les berges du Gange. Et partout, j'ai trouvé le même Esprit dans toutes ces religions différentes ; j'ai trouvé une Volonté Divine qui transcende temps, croyance et culture, et qui dévoile le trésor de Dieu que sont les lois universelles. »

« Pouvez-vous m'en dire plus au sujet de ces lois ? » demandai-je.

« Mais c'est mon intention, me répondit-elle. Dans le grand mystère qu'est la vie, l'univers fonctionne selon des lois qui sont aussi réelles que la loi de la gravité. Intimement entremêlées à la trame de l'existence et reflétant l'intelligence première de l'univers, ces lois spirituelles dirigent les mécanismes de l'univers – le mouvement des fleurs qui se tournent vers le soleil et celui des vagues qui viennent se fracasser sur la berge. Ces lois contrôlent le mouvement de la Terre, le cycle des saisons et les forces de la nature. Même les galaxies effectuent leur danse cosmique en les écoutant. »

Produisant une bouffée de fumée et un étrange chuintement, un petit tas de branches mortes et de brindilles installées au milieu d'un cercle de pierres prit spontanément feu entre nous. « C'est Merlin qui m'a appris ça » dit-elle, les yeux pétillants. Malgré mon état de stupéfaction, la partie sceptique de mon mental me fit penser: « Peut-être c'est Merlin, peut-être c'est de l'essence pour briquets! »

Puis, pendant que nos regards étaient fixés sur le léger panache de fumée qui s'échappait par le toit de chaume de la hutte, elle recommença à parler: « Les lois de l'Esprit nous renvoient à l'ordre et à l'intelligence innés de l'univers. Elles transcendent tous les concepts, coutumes et croyances. Elles constituent le fondement de toute moralité humaine. Aussi constantes que le mouvement des planètes, elles affectent non seulement la mécanique de la nature mais aussi chaque aspect de l'existence elle-même. Elles sont là pour nous guider à travers les hauts et les bas de notre vie, comme les étoiles et le compas guidaient les marins d'autrefois dans leurs itinéraires maritimes. »

« Certaines de ces lois, ajouta-t-elle, ont plus particulièrement rapport aux aspects pratiques de la vie humaine. Les livres et les enseignements religieux font état de ces grandes vérités qui sont des principes simples mais puissants permettant de trouver la paix intérieure dans un monde difficile. Ceux qui observent ces lois s'épanouissent et voient leur vie comblée. Ceux qui les ignorent ou y résistent expérimentent en conséquence des événements qui font figure d'apprentissage sur le sentier qui mène à leur éveil, afin qu'ils puissent un jour trouver la paix grâce à une compréhension supérieure des choses de la vie. »

« Où avez-vous appris ces lois ? » demandai-je.

« Elles vivent en chacun de nous et constituent une immense réserve de sagesse intuitive. Et elles se manifestent également partout dans le monde de la nature. » Puis, après s'être relevée rapidement et gracieusement, elle se dirigea vers la porte et me fit signe de la suivre. « Suis-moi, pèlerin ! Que les montagnes soient ta salle de classe ! »

Je décidai de me rappeler toutes les lois qu'elle pourrait bien m'enseigner – ces trésors dont elle parlait – afin d'en faire part à mes enfants et peut-être à ceux qui pourraient s'y intéresser. Mais je n'avais cependant pas encore réalisé toute leur portée, puissance ou magie. Malgré cela, je savais que quelque chose d'inhabituel se préparait au moment où je passai le pas de la porte de la cabane et me retrouvai à deux pas d'un grand étang tranquille que je n'avais pas vu auparavant.

LA LOI DE L'ÉQUILIBRE

TROUVER LA VOIE DU MILIEU

Tout comme la gravité
permet aux diverses parties de l'univers
de rester unies,
l'équilibre est la clé
qui donne accès à tous ses secrets.
L'équilibre s'applique à
tous les niveaux de notre être :
notre corps, notre intellect et nos émotions.
Il nous rappelle que quoi que nous entreprenions,
nous pouvons en faire trop ou trop peu,
et que si le mouvement de pendule dans notre vie
et nos habitudes oscille trop d'un côté,
il oscillera inévitablement de l'autre à un
moment donné.

Sois humble car tu proviens de la terre.
Sois noble car tu proviens des étoiles.

Proverbe serbe

« Nous sommes sous le vent. C'est pourquoi il n'a pas encore senti notre présence », dit la sage à voix basse en m'indiquant du regard l'endroit où regarder sur la berge de l'étang, l'endroit où se trouvait un oiseau blanc se tenant en parfait équilibre sur une seule patte. « Peux-tu rester en équilibre comme cette aigrette ? » me demanda la femme.

« Vous voulez dire sur une seule patte ? »

« Je veux dire sentir ce que cette aigrette ressent de l'intérieur. Peux-tu rester aussi calme que ça dans ta vie de tous les jours ? »

« Oui... Peut-être... Je ne sais pas. Je suis encore en train de me demander comment nous sommes arrivés ici. »

Elle me posa à nouveau la question : « Il ne t'arrive pas souvent de ressentir une telle sérénité, n'est-ce pas ? »

« Euh, non. Je suppose que non. »

« Voici une réponse honnête qui constitue un bon point de départ », dit-elle en s'asseyant sur le monticule qui surplombait l'étang. « Penche-toi pendant un instant sur l'importance de l'équilibre en ce qui concerne l'ordre naturel propre à la vie humaine. Nous sommes des créatures faites de modération. Même si nous ne nageons pas aussi bien que les poissons, ne courons pas aussi vite que les guépards ou ne sommes pas aussi forts que les gorilles, nous disposons de chacune de ces capacités, mais en modération et de façon proportionnée. »

La sage m'incita à nouveau du regard à observer l'aigrette, toujours en position d'équilibre au bord de l'eau. « Tout corps humain aspire à atteindre un état d'équilibre intérieur, un état de paix intérieure, qui devient pour lui source d'épanouissement. Le sens-tu maintenant à l'intérieur de toi ? »

Elle n'eut pas sitôt placé sa main à plat sur ma poitrine, qu'une profonde sensation de paix envahit tout mon corps et tranquillisa mon esprit. « Tu le sens », chuchota-t-elle.

« Oui », répondis-je en poussant un soupir de satisfaction.

« Cette sensation de sérénité sera désormais pour toi un point de repère. Elle te fera prendre une conscience accrue des déséquilibres que tu connais dans ta vie normale et te permettra de diminuer ta tolérance face à ces mêmes déséquilibres. »

« De quelle façon ? »

« Eh bien, tu sais à quel point il ne sert pas à grand-chose de conseiller aux gens tendus de relaxer si eux-mêmes ne savent pas d'expérience ce qu'être détendu veut dire. Mais, dès qu'ils ont déjà connu un état de profonde détente, ils ont dorénavant un point de repère. Ils sauront alors plus facilement reconnaître la tension dès qu'elle apparaîtra et prendre des mesures pour s'en libérer. Et une fois que tu auras ressenti ce qu'est le véritable équilibre, tu commenceras à remarquer ce qui est en déséquilibre dans *n'importe* quel domaine de ta vie. Ce point de repère te servira de signal automatique pour retrouver ce lieu d'équilibre à l'intérieur de toi. Cela revient à dire que tu appliques la Loi de l'Équilibre en observant les déséquilibres. »

« C'est aussi simple que ça ? »

Elle se mit à rire. « Très simple, mais pas toujours facile parce que l'état physique ou émotionnel auquel tu es habitué – que ce soit de la tension ou un très grand déséquilibre – te semble normal. Ce que nombre de gens qualifient de "névrose" est en réalité un déséquilibre, l'exagération d'une pensée, d'une impulsion ou d'une émotion que nous ressentons tous à un moment ou un autre. C'est pour cette raison que changer pour un état de véritable équilibre peut au premier abord sembler étrange. »

« Mais de quelle façon puis-je changer pour ce véritable équilibre ? »

Un poisson sauta hors de l'eau et son mouvement amorça un déferlement de rides concentriques sur la surface miroitante de l'étang. La sage répondit: «Retourne dans ce lieu paisible à l'intérieur de toi, vers cet étang tranquille. Regarde, écoute, remarque s'il y a des "rides" dans ta vie ou dans ton corps, des rides causées par du "trop" ou du "trop peu" dans des domaines comme le manger et le boire, l'exercice, le travail ou la communication. »

Alors que je prenais ce conseil en considération, une autre pensée me vint à l'esprit. «Avec tout ce qui se passe dans le monde actuellement, il me semble que, lorsqu'on dépense toute cette énergie à regarder à l'intérieur pour trouver l'équilibre et la sérénité, on devient un peu trop centré sur soi. »

Tout en me souriant, la femme me fit signe de faire le tour de l'étang avec elle. «Beaucoup de gens confondent "être centré sur soi" et "être égoïste", répondit-elle. Mais une fois que tu auras trouvé ton propre équilibre, tu auras également trouvé la paix et le pouvoir intérieurs qui te permettront de vraiment changer les choses dans le monde. »

Elle se pencha et ramassa une mince tige bien droite d'environ un mètre de long, puis en posa une des extrémités sur un doigt pour la maintenir en équilibre. La tige resta tout d'abord parfaitement droite, puis elle commença à osciller légèrement d'avant en arrière. «Les désirs et les attaches te tirent vers l'avant, dit-elle. Les peurs, la résistance et les échappatoires te tirent vers l'arrière. Les extrêmes de toutes sortes, comme prendre une attitude rigide face à une question quelconque, peuvent te faire sortir de ce lieu d'équilibre qui accorde spontanément une importance égale à tous les aspects possibles de cette question. Est-ce que tu comprends?»

«Je pense que oui, mais je n'en suis pas sûr», répondis-je.

«Très bien! Cela veut dire que tu es prêt à apprendre.»

Alors que nous continuions notre chemin le long du sentier, je remarquai qu'elle marchait si légèrement sur les branches mortes que j'entendais à peine le bruit de ses pas. Son propre sens de l'équilibre était parfait. «À l'instar de toutes les autres lois dont j'ai l'intention de te faire part, la Loi de l'Équilibre n'est pas juste une théorie, mais plutôt une façon de vivre comportant des applications très pratiques.» Ayant noté mon regard déconcerté, la femme ramassa un caillou, me le tendit et pointa du doigt un pin de Virginie situé à une distance d'environ dix mètres. «Tu vois le tronc de cet arbre? Voyons un peu si tu es capable de l'atteindre avec ce caillou.»

Je pris une bonne respiration, visai et lançai. Je ratai le tronc d'environ cinquante centimètres par la gauche. Elle me tendit un autre caillou. Je tirai à nouveau et ratai encore par la gauche, tout en m'étant rapproché de la cible cependant. Elle me tendit encore quatre autre cailloux, me regarda dans les yeux en me disant posément: «Il est important que tu touches le tronc de cet arbre avec une de ces pierres.» Je ne compris pas pourquoi cela était si important, mais je sentis qu'elle parlait sérieusement. J'en ressentis même mon rythme cardiaque accélérer.

«Applique la Loi de l'Équilibre!» me rappela-t-elle.

«Comment?»

«Je viens de t'expliquer que, lorsque tu es en déséquilibre, tu as la sensation que c'est un état normal. C'est pour cette raison que tu as toujours tendance à pencher du côté qui te semble normal et habituel. Alors tu vois, la façon la plus rapide de trouver le centre est d'exagérer la correction, c'est-à-dire de faire délibérément le contraire de ce que tu as l'habitude de faire. Par exemple, si tu parles trop vite ou trop bas, au point que les gens ne te comprennent pas, tu devras délibérément parler d'une façon qui te semblera "trop lente" ou "trop forte".»

«Et étant donné que j'ai lancé ma pierre trop loin sur la gauche, il faut que je la lance trop loin sur la droite. C'est ça?»

«C'est ça», dit-elle.

«Le seul problème, c'est qu'il ne me reste que quatre coups d'essai. Je ne veux rater cet arbre ni par la gauche ni par la droite. Je veux le toucher.»

« Je n'ai aucun doute à ce sujet. Mais une fois que tu te seras exercé sur les deux côtés, il te sera plus facile de frapper en plein centre. Cela vaut pour cet arbre ou pour quoi que ce soit d'autre. »

« Je comprends », répondis-je.

« C'est en agissant que l'on comprend », répliqua-t-elle en m'indiquant l'arbre du doigt.

Peu convaincu mais déterminé à essayer, je visai sur la droite. À ma grande surprise, je ratai une fois de plus l'arbre par la gauche.

« Tu vois, me dit la sage, tu es tellement habitué à ce que tu fais ordinairement – à ce qui te semble normal – que tu n'as pas assez corrigé. C'est pour cette raison qu'il est difficile de changer les habitudes et que les gens apprennent si lentement. Sois plus audacieux cette fois-ci ! Assure-toi que tu lances bien tes deux prochains cailloux à droite de l'arbre ! »

Je fis en sorte de m'en assurer : la première pierre passa à un mètre de la droite de l'arbre. La deuxième aussi. « C'est mon dernier essai », dis-je énervé.

« Une fois de plus, la Loi de l'Équilibre va t'aider, me dit la femme, et moi par la même occasion. » Elle me conduisit vers l'arbre jusqu'à en être à un mètre cinquante seulement. « Personne n'a jamais dit qu'il fallait se rendre la vie si difficile que ça », ajouta-t-elle avec un sourire. « Si tu te rends compte que tu es trop loin, va trop près ! »

Je me mis à rire et frappai ma cible en plein centre.

Alors que nous continuions à marcher le long du sentier qui suivait le bord de l'étang, elle me parla d'un autre aspect de cette loi. « L'équilibre commence avec la respiration, dit-elle. Prendre et laisser-aller sont les rythmes premiers de la vie. En inspirant, tu trouves l'inspiration et en expirant, tu trouves le relâchement. Inspiration et expiration : une forme de naissance et de mort à chaque respiration. »

« Maintenant, fais attention à ta respiration, dit-elle, et remarque que si ta respiration est arythmique, tes émotions seront parallèlement en déséquilibre. Si tu ressens de la colère, accepte-la totalement et respire pour retrouver l'équilibre dans ta respiration. Si tu ressens de la peine, accueille-la tendrement et laisse ta respiration reprendre son rythme régulier. Lorsque tu ressens de la peur, reconnais-la et respire profondément afin de retrouver l'équilibre dans ta respiration. »

« Quand tu expires, tu donnes ; quand tu inspires, tu reçois. Si tu reçois plus que tu ne donnes, tu ressens ce déséquilibre sous la forme du besoin de toujours vouloir rendre aux autres ce qu'ils t'ont donné. Si tu donnes plus que tu ne reçois, tu te sens vidé et, tôt ou tard, tu n'auras plus rien à donner. »

« J'ai déjà lu cela au sujet de certains saints : ils avaient donné beaucoup et reçu très peu. »

« C'est ce qu'on pourrait bien penser. Mais ces êtres vivent la joie, l'amour et la gratitude dans l'abondance. La Loi de l'Équilibre permet à ceux qui donnent sans regarder dans un esprit d'amour et de générosité, de recevoir également en abondance », expliqua-t-elle.

Nous continuâmes notre ascension en suivant un passage de cerfs sinueux qui serpentait dans les collines. Je me souvins tout à coup de quelque chose qu'elle avait mentionné lorsque nous avions fait connaissance. « Vous m'avez dit un peu plus tôt que vous aviez besoin de mon aide, lui dis-je, pour une espèce de mission. »

« Ceci est ta préparation, me rappela-t-elle. Apprends d'abord la leçon de l'aigrette. Trouve l'équilibre dans ta vie et dans toute chose. Fais honneur à cette loi et emprunte la voie de la sagesse. Explore toutes les dimensions de l'expérience humaine, mais reviens toujours au juste milieu, à la voie du milieu, car les extrêmes créent un grand stress s'ils se cristallisent en habitudes. Laisse tes actions et tes paroles se manifester dans la douceur, comme le changement des saisons. Cet état intérieur d'équilibre te permettra de trouver clarté et paix. »

Pendant que les dernières paroles de la sage se fondaient dans le silence et que nous continuions à monter, je me tournai pour jeter un dernier coup d'œil à l'aigrette : elle se reposait encore sur une patte au bord de l'eau dans le plus grand des calmes.

LA LOI DES CHOIX

SE RÉAPPROPRIER NOTRE POUVOIR

*Le libre arbitre est une grande responsabilité
qui représente à la fois un fardeau et un bienfait :
le choix est entre nos mains.
Et notre futur dépend en grande partie
des choix que nous faisons dans le présent.
Même si nous n'avons pas toujours le contrôle
sur les circonstances de notre vie,
nous avons la capacité de choisir
nos réactions face aux événements qui se présentent.
En nous réappropriant le pouvoir de choisir,
nous trouvons le courage
de vivre totalement dans ce monde.*

À pied, le cœur léger,
Je prends la grand-route, le monde m'attend.
En santé et libre, je suis le long sentier
qui me mène là où je choisis d'aller.

Walt Whitman

La surface miroitante de l'étang, aussi reluisante que du verre bien poli, s'éloignait de nous à mesure que nous montions. Elle disparut tout à fait après que nous eûmes dépassé une petite butte. Peu après, le sentier s'élargit et se divisa en trois. « C'est toi qui mène la marche pendant quelques instants », me dit la sage.

« Mais je ne sais pas où nous allons. »

La femme me regarda en souriant. « Cette croyance me semble intéressante, mais je pense, pèlerin, que tu as toujours su où tu allais, même si tu n'en étais pas conscient. Alors, quel sentier choisis-tu ? »

« Quelle différence cela fait-il que je choisisse l'un plutôt que l'autre ? »

« En fin de compte ? Aucune, répondit-elle. Au bout du compte, tous les chemins mènent à Rome.

Mais il se peut qu'un de ces sentiers mène à une vallée verdoyante, l'autre, à un pic rocheux et le troisième, à une forêt dense et sombre. Tu n'as aucun moyen de savoir avec certitude où chacun de ces sentiers mène ; cependant, tu dois faire un choix. »

« J'ai la vague sensation que vous essayez de me faire comprendre quelque chose », lui dis-je en souriant.

« Choisis un sentier et ensuite nous parlerons. »

« D'accord. Prenons celui-là », dis-je en montrant un des sentiers du doigt.

« Eh bien, dit-elle comme si elle n'avait pas entendu, vas-tu finir par choisir ? »

« Mais j'ai déjà choisi. J'ai pris le sentier du milieu. »

À nouveau, elle m'adressa la parole comme si elle ne m'avait pas entendu. « Nous n'avons que peu de temps à passer ensemble, pèlerin. Je te suggère de choisir un sentier afin que nous puissions continuer notre chemin. »

« Mais je... » Soudain, je compris et je me mis à marcher sur le sentier du milieu.

« C'est exactement comme ça qu'il faut faire ! La Loi des Choix nous apprend que les décisions ne se prennent pas en parlant mais en passant à l'action. »

Après avoir pointé quelque chose du doigt dans le ciel, la sage me demanda : « Tu vois ce vautour à tête rouge au-dessus de nous ? » Pendant que je faisais signe que oui de la tête, la femme s'agenouilla et me fit remarquer une araignée dans sa toile. « Tout comme le vautour qui plane et la minuscule araignée à l'affût dans sa toile, la plupart des créatures terrestres ne disposent que d'une gamme limitée de choix. Elles agissent selon leur instinct et selon l'appel de leur nature. Mais toi, tu as le libre arbitre, tu as le pouvoir de choisir. Par ta vie, tu exprimes l'exercice de ce pouvoir et ta destinée est en grande partie déterminée par les choix que tu fais dans l'instant. »

« Le libre arbitre, continua-t-elle, signifie que tu peux choisir de t'en tenir aux lois qui s'expriment par le biais de ta plus profonde intuition ou que tu peux laisser tes impulsions, tes peurs et tes habitudes mener la danse. Si, parfois, tu ignores la sagesse supérieure ou y résistes et que tu privilégies la gratification immédiate, ton choix aura pour conséquence de guider à nouveau tes pas vers les Lois de l'Esprit et de te remettre une fois de plus en alignement sur elles. Un choix te conduira vers un sentier ensoleillé, alors qu'un autre t'amènera vers des obstacles et des épreuves qui auront pour fonction de t'instruire et de te renforcer, toute chose ayant à sa façon son propre rôle à jouer. »

«Je n'ai pas l'impression d'avoir toujours choisi l'orientation que je voulais dans ma vie. Quelquefois, j'ai l'impression qu'il s'agit plutôt du destin. »

« La plupart des décisions sont prises par la sagesse subconsciente. Ton "sage intérieur" détient plus d'informations que ton mental conscient ne peut appréhender. Alors, il se peut que, parfois, sans savoir pour quelle raison, tu attires dans ta vie des gens ou des expériences dont consciemment tu ne veux pas mais qui te seront de la plus grande utilité pour ton bien et ton apprentissage sur un plan supérieur. »

«Qu'en est-il des pauvres, des maltraités et de ceux qui ont faim? Sous-entendez-vous par là qu'ils choisissent d'une certaine façon de souffrir? »

La sage s'arrêta et se mit à fixer la forêt qui s'obscurcissait. «La souffrance a de nombreux visages. Même les nantis connaissent la souffrance. Tout ce qu'on peut faire, c'est de faire les meilleurs choix possibles parmi un nombre précis de circonstances – des choix concernant la vie, l'amour, le dévouement, la communication. Mais, peu importe ce que la vie t'amènera, il te revient à toi de choisir la façon dont tu réagiras intérieurement. Tu peux soit résister, repousser ce qui t'arrive et pleurer sur ton sort, ou tu peux y faire face et l'accueillir, t'épanouissant ainsi dans l'instant présent. »

« Qu'en est-il de ceux qui choisissent l'absence de bien-être ou les épreuves parce qu'ils ont le souci des autres ? »

« Si tu choisis délibérément de mettre tes désirs personnels de côté pour prendre en main le bien-être de tes enfants, des personnes aimées ou d'autres personnes, tu poseras un geste spirituel de sacrifice personnel. Mais si tu as l'impression d'être un martyr, il est grand temps d'y regarder à deux fois. Lorsqu'on prend trop de responsabilités pour les autres, on les prive des leçons qu'ils pourraient tirer des choix qu'ils font. Ceux qui souffrent ont besoin de notre aide et de notre compassion, mais si nous portons entièrement leur fardeau, nous leur subtilisons leur force et les démunissons de leur amour-propre. »

Je pensais à ce qu'elle venait de me dire pendant que nous gravissions le sentier en silence. Puis une autre question me vint aux lèvres : « Je me pose parfois des questions au sujet des choix que j'ai faits, en ce qui concerne mes relations, mon travail... »

La sage m'interrompit. « Je te suggère à ton retour chez toi de demander le divorce à ta femme. »

« Quoi ? Qu'est-ce que vous dites ? »

« Pourquoi ne pas divorcer ? Tu as le pouvoir de le faire à n'importe quel moment. Tu n'as qu'à appeler un avocat... »

Ce fut à mon tour de l'interrompre. « Je ne pourrais jamais faire ça ! »

« Pourquoi pas ? »

« Parce que cela ferait beaucoup de peine à ma femme, à mes enfants et à moi. Notre situation financière deviendrait chaotique. Et par ailleurs, j'ai fait une promesse lorsque nous nous sommes mariés : j'ai pris un engagement pour longtemps. Et quel genre d'exemple cela serait-il pour mes enfants ! »

« Tu es pris au piège alors ? »

« Je ne suis pas pris au piège ! »

« Cela semble tout comme, à la façon dont tu décris la situation, dit la femme sur un ton léger. Tu as énuméré un certain nombre de raisons – toutes aussi valables les unes que les autres, je n'en doute pas – pour lesquelles tu ne peux pas divorcer. Mais c'est seulement lorsque tu te réapproprieras le pouvoir de mettre fin à cette relation, que tu pourras totalement t'y engager. Seulement à ce moment-là, te sera-t-il possible de choisir avec toute la passion qui t'habite de rester marié au lieu d'avoir à rester marié pour telle ou telle raison. Comprends-tu ? »

« Oui, dis-je en souriant. Je pense que je comprends. »

« Et je ne parle pas juste ici de tes relations intimes, mais aussi de ton travail, de tes amis, de l'endroit où tu vis et de ta vie. »

« Je ne comprends pas. »

« Certaines personnes qui ont oublié qu'elles avaient le pouvoir de choisir se sentent prises au piège par une relation. D'autres se sentent prises au piège par la vie ou par les circonstances. Il leur faudra endurer de grandes souffrances avant qu'elles retrouvent volonté, courage et amour-propre pour effectuer de nouveaux choix. »

« Si tu ne réalises pas que tu as le pouvoir de dire non, tu ne pourras jamais véritablement dire oui, que ce soit à tes relations intimes, à ton travail, à ta vie ou à quoi que ce soit d'autre. Tu n'es pas dans l'obligation d'attendre pour effectuer les changements positifs qui te redonneront ton pouvoir. Tu n'es pas obligé d'aller à l'école. Tu n'es pas obligé d'aller travailler. Tu n'es pas obligé d'aller à la guerre. Tu n'es pas obligé d'être marié ni d'avoir des enfants. Tu n'es pas obligé d'agir en fonction du désir ou du bon vouloir des autres. Tu n'es pas obligé de faire quoi que ce soit. Il te suffit de reconnaître que toute action ou toute absence d'action aura ses conséquences, et que ta disposition à accepter ces conséquences te conférera le pouvoir et la liberté de choisir qui tu es, où tu es et ce que tu fais. La vie n'est plus alors une obligation : elle se transforme en une expérience gratifiante. Et c'est à ce moment-là que les miracles surviennent. »

Le sentier que j'avais choisi nous conduisit dans les profondeurs de la forêt, sous une dense voûte de feuillage parfumé. Dans ce lieu abrité, pendant que le vent chuchotait dans les branches au-dessus de nos têtes, la sage me fit part de ses dernières remarques concernant la Loi des Choix. « Réaliser le pouvoir que tu as de choisir ta voie et d'en changer quand tu le veux, sans te préoccuper des pressions ou des idéaux provenant de l'extérieur, c'est un peu comme refaire surface après avoir été submergé pendant longtemps. Tu te sentiras grisé par ce pouvoir quand tu constateras qu'il y a tant de belles possibilités pour aborder la situation du moment. Tu seras peut-être tenté de modifier ta situation maritale, ta carrière ou tout autre domaine de ta vie dans lequel tu éprouves des difficultés ou des frustrations. Certains des nouveaux choix seront tout à fait appropriés et même plus que souhaitables. Mais, le choix le plus noble, consiste bien souvent à accepter en toute responsabilité la situation présente et à la vivre totalement et intentionnellement, avec plus de présence et de passion que jamais. »

« Plus tu feras honneur à la Loi des Choix, plus tes intentions de vie seront claires. Tu créeras ta vie et, au lieu de te demander si tu es sur le bon chemin, avec la bonne personne ou si tu fais le travail qui te convient, tu vivras chaque jour par choix et le plus totalement possible. »

Pendant que je repensais aux choix que j'avais faits dans ma vie et comment ils m'avaient conduit jusqu'ici, mon travail et ma famille me revinrent à l'esprit, ainsi que la maison que j'avais quittée presque huit heures plus tôt ce jour-là. Je m'entendis dire : « Je vous suis très reconnaissant de ce que vous m'avez appris, mais il va bientôt falloir que je retourne chez moi. J'ai certaines petites choses à faire. »

Elle haussa les épaules. « Choisir, ça veut aussi dire délaisser une chose voulue au profit d'une chose que l'on veut encore plus. Ta vie t'appartient : libre à toi de partir quand tu veux. »

Je m'étais un peu attendu à ce qu'elle essaie de me convaincre de rester plus longtemps et son déta-chement me prit au dépourvu. J'eus la sensation étrange que si je partais à ce moment-là, je n'aurais pas une seconde chance. « Je... Je pense que je peux rester un peu plus longtemps », répliquai-je.

« Tu n'as pas l'air très sûr de ce que tu avances. »

« Non, au contraire je le suis. Vraiment ! Je veux rester. Seulement, je ne m'attendais pas à m'absenter si longtemps et j'avais prévu de faire certaines choses. »

La femme sourit simplement comme si elle me connaissait mieux que je ne me connaissais moi-même, chose qui était tout à fait possible.

La forêt déboucha sur un grand versant de colline : ce vaste panorama venait faire écho à l'expansion de ma conscience. Je fus aussi étrangement frappé par le fait que je n'apercevais aucune des maisons ou villes habituelles au loin. Mais, ici, avec cette femme, avec cet être, je me sentais dans une autre réalité. Pour ce que j'en savais, le temps dans cette réalité semblait voler si je le comparais à celui de mon quotidien habituel. « Continuons notre pèlerinage », dit la sage en attaquant sans tarder le lacet d'un sentier escarpé.

LA LOI DE LA MÉTHODE

PRENDRE LA VIE UN JOUR À LA FOIS

*La méthode transforme
n'importe quel chemin de vie
en une série de petites étapes
qui, atteintes l'une après l'autre,
conduisent vers n'importe quel but.
La méthode transcende le temps,
enseigne la patience et
repose sur les bases solides
d'une préparation minutieuse.
Elle est l'expression de la confiance
dans l'épanouissement de notre potentiel.*

*Nous atteignons de hauts sommets
en empruntant un escalier en colimaçon.*

Francis Bacon

Le sentier était si escarpé que j'avais l'impression que nous gravissions les marches très raides d'un escalier faisant face à la pente. Même si j'étais habitué à faire de la randonnée, je sentis que ce niveau de difficulté faisait accélérer mon rythme cardiaque et amplifiait ma respiration. La sage, cependant, n'en semblait pas du tout affectée et parlait sans faire aucun effort. « As-tu remarqué combien ce sentier ressemble aux sentiers de la vie, combien chacun des pas que nous faisons ressemble aux étapes que nous franchissons pour atteindre un but ? »

« Je n'avais pas remarqué le sentier », répondis-je en haletant et en regardant vers le sommet. « Mais j'ai remarqué que le sommet ne semble pas se rapprocher de beaucoup. »

« Si l'on centre son attention uniquement sur la destination, on aura toujours l'impression de ne jamais s'en rapprocher. C'est ce qui pousse nombre de gens à abandonner leurs buts, surtout quand des obstacles surgissent ou que le sentier devient plus escarpé. Tu sais que tout trajet commence par un premier pas, mais tu devras en faire un deuxième, puis un troisiè-me, puis autant qu'il en faudra pour atteindre ta desti-nation. La Loi de la Méthode, dit la femme, est la façon qu'a la nature de s'assurer que nous pouvons réaliser presque n'importe quel but, aussi noble soit-il, en fragmentant le trajet qui nous y mène en multiples étapes plus modestes, mais plus certaines. »

« Cela me semble assez évident. »

« Tout à fait évident, en convint la sage. C'est pour cette raison que tant de gens passent complètement à côté. »

« Vous venez bien de dire qu'en procédant à petits pas, en franchissant de petites étapes, nous pouvons poursuivre presque n'importe quel objectif ? »

« Il est certain que tu ne peux franchir un abîme en deux bonds, dit-elle en souriant. Mais tu peux mettre en œuvre la méthode par étapes. Voyons un peu quoi faire puisque nous n'avons pas d'abîme ici... » La femme ramassa une pierre, me la tendit et me pointa du doigt un chêne qui se trouvait à environ vingt mètres. « Penses-tu réussir à toucher ce tronc ? »

«Quoi? À vingt mètres? J'en doute fort. Même si je vise sur la gauche et ensuite sur la droite, il est tout simplement trop loin.»

«Bon, d'accord», répliqua-t-elle en me faisant avancer vers l'arbre jusqu'à ce que celui-ci soit carrément sur nous. «Et maintenant?»

«Bien sûr que je peux le toucher maintenant!»

«Alors vas-y!»

J'obtempérai. Sur quoi, la femme me fit reculer d'un pas, me confia un autre caillou et me dit de tirer à nouveau. En reculant ainsi d'un pas à la fois, je frappai en plein dans le mille à chaque fois. Rendu à une distance de douze mètres, je ratai ma cible. «Avance d'un pas et tire à nouveau», dit-elle. Je frappai à nouveau en plein dans le mille. Je continuai le même processus à reculons jusqu'à ce que je rate ma cible deux fois, à une distance de seize mètres. Je refis un pas en avant et frappai à nouveau ma cible. Finalement, après quelques coups ratés, je réussis à frapper le tronc à une distance de vingt mètres.

Alors que nous poussions à nouveau de l'avant sur le sentier escarpé, elle continua son explication. «Vois-tu de quelle façon cette loi fonctionne dans l'un ou l'autre des domaines de ta vie? En fragmentant toute tâche en des étapes plus abordables, tu n'as plus à attendre d'être rendu à destination pour connaître la réussite, puisque ces étapes constituent elles-mêmes une série de petits succès sur ta route. »

Nous arrivâmes à un torrent dont les eaux avaient été gonflées par les pluies printanières. La femme traversa en premier, en marchant avec légèreté sur une suite zigzagante de pierres. Je la suivis, sautant d'une pierre à l'autre. En voyant deux pierres rapprochées, je décidai rapidement de sauter sur la plus éloignée : mon pas fut un peu trop court, mon pied glissa sur de la mousse et je me retrouvai à l'eau. Avec un grand sourire aux lèvres qu'elle n'essaya aucunement de cacher, elle vint à mon secours pour me tirer de l'eau en me tendant la main. « Ainsi, vois-tu, dans tout processus, comme dans celui qui te fait traverser un torrent, tu te retrouveras tôt ou tard à l'eau si tu essaies de sauter des étapes. »

Le sentier s'élargit, ce qui nous permit de marcher côte à côte. Peu de temps après, alors que mes vêtements étaient presque secs, nous parvînmes à un marais boueux. Je regardai à droite et à gauche pour voir s'il était possible de le contourner, mais les parois de ce petit canyon étaient abruptes des deux côtés. La sage rejeta la tête vers l'arrière tout en éclatant de rire. « La nature n'est-elle pas la meilleure des écoles ? Les leçons qu'elle a à nous apprendre tombent juste au bon moment. »

« C'est-à-dire ? »

« Ouvre tes yeux ! dit-elle. En quoi ce sentier plein de boue ressemble-t-il à ta vie ? »

« Pour l'instant je n'en ai pas la moindre idée ! »

« Je vais te mettre les points sur les "i". Sur le sentier qui s'étire entre toi et tes buts, trouves-tu en général un beau tapis rouge ? »

« Non. La plupart du temps j'y trouve un marécage. »

« Eh oui ! Tout but digne d'être poursuivi comporte une part d'effort, de risque et de sacrifice. Tu dois transgresser peurs et doutes pour aller de l'avant. Tu dois faire appel à tes propres ressources et te dépasser. Chaque nouveau défi sert d'initiation : d'abord le découragement t'envahit ; puis, tu surmontes l'inconfort, l'ennui et la frustration. De cette façon, tu découvres de quoi tu es fait. »

Pendant que nous pataugions dans le sentier, la boue jusqu'aux chevilles, elle ajouta quelque chose : « Ce qui te sort des sentiers boueux de la vie, c'est la vision qui t'a poussé à entreprendre la quête. Malgré la gadoue et la boue, tu seras attiré vers elle comme vers un aimant. Alors, la première chose à faire dans tout processus est de te donner une direction, de choisir un but qui t'attire. »

« J'ai parfois beaucoup de difficulté à décider quel but poursuivre. »

« Tu sais, tu ne découvriras pas ce que tu veux en attendant une révélation divine, une certitude absolue, une vision mystique ou la voix de Dieu. Ne jongle pas avec les idées et ne te pose pas trop de questions. Ne doute pas de la direction que tu veux prendre et n'attends pas que les autres te disent ce que tu devrais faire ou ne pas faire. Va vers ce qui t'attire, te fait vibrer ou t'inspire, va vers ce qui touche ton cœur. Demande-toi si les efforts et les sacrifices que tout engagement face à un objectif entraîne en valent la peine.

Pendant que nous nettoyions nos pieds et chaussures couverts de boue dans un cours d'eau, la sage continua à me faire part de ses conseils: «N'oublie pas, pèlerin, que les trop grands rêves rattachés à un lointain futur sont un fardeau lourd à porter. Les meilleurs objectifs sont probablement ceux dont tu peux t'occuper la semaine prochaine, demain, dans l'heure qui suit ou dans ton prochain pas. Crée une méthode qui se traduira par de nombreux petits succès. »

« De nombreux petits succès », me répétai-je à moi-même alors que nous continuions notre ascension en attaquant la pente d'un ravin. « Mais qu'en est-il des gens qui semblent devenir célèbres du jour au lendemain ? Quelle méthode ont-ils suivie ? » lui demandai-je.

« Le véritable succès de toute entreprise, me répondit la sage, peut se comparer à la construction d'une maison. On commence tout d'abord par de solides fondations et ensuite on poursuit patiemment les travaux jusqu'à ce que la maison soit achevée. Certaines maisons ou carrières se bâtissent très rapidement mais leurs fondations sont souvent instables et, mêmes si elles semblent magnifiques, elles ne durent pas. Si tu y regardes d'un peu plus près, tu constateras que les entreprises qui réussissent du jour au lendemain ont demandé pour la plupart une dizaine d'années de préparation. »

« Dix ans... », dis-je en grande partie pour moi-même.

« Réfléchis-y un peu ! En dix ans, tu peux accomplir à peu près n'importe quoi. Tu peux devenir médecin ou scientifique. Tu peux acquérir des capacités très développées dans un sport, un jeu ou un art martial. Tu peux devenir expert dans n'importe quel domaine. Tu peux aussi bien devenir riche que transformer totalement ton corps. »

« Dix ans, ça me paraît bien long ! »

« Si tu regardes vers l'avenir, oui, c'est vrai. Mais si tu te tournes vers le passé, une fois les dix années écoulées, non. Les siècles s'ensuivent en moins de temps qu'il ne faut pour le dire, en claquant des doigts. » Sans transition, elle pointa son doigt vers le ciel. « Regarde là-haut, le sommet ! » Je regardai et il me sembla encore loin. « Maintenant, regarde derrière toi ! » Je me retournai pour contempler les collines qui s'étalaient sous nous. « Nous avons fait un bon bout de chemin, pas à pas. Nous marchons et parlons depuis des heures. Si je t'en avais parlé avant de partir, cela t'aurait certainement paru long. Mais, en regardant derrière soi... »

« ...Ça ne paraît pas long du tout », dis-je en finissant sa phrase.

Nous nous dirigeâmes vers le sommet en passant à travers un massif d'arbres à l'ombrage dense. Nous perdîmes le ciel de vue. La sage s'agenouilla, ramassa un gland et me dit : « Tout comme ce minuscule gland peut devenir un immense et majestueux chêne, ou qu'une rivière peut patiemment sculpter un canyon dans la pierre, tu es toi-même devenu un homme mûr après avoir tout d'abord été un enfant sans défense. Et tu peux accomplir et tu accompliras ce que tu désires, un pas à la fois. »

«Tout cela a l'air si sûr quand vous en parlez. Comment pouvez-vous en être certaine? Après tout, même si on avance pas à pas, on peut toujours échouer. »

« Les choses certaines sont peu nombreuses en ce monde, répondit-elle, mais il est rare que les gens échouent: ils abandonnent plutôt. » Comme nous sortions du couvert des arbres pour voir réapparaître le dôme du ciel et que nous regardions les collines derrière nous, la femme me fit ses dernières recommandations au sujet de la Loi de la Méthode.

« Des progrès durables ne se produisent pas spontanément en quelques instants, mais heure après heure, jour après jour. Et avec le temps qui passe, chaque processus exige des transformations: la route qui mène au bonheur est toujours en construction. Attache-toi à prendre la vie un jour à la fois jusqu'à ce que tu y arrives et mets de côté tout ce que tu peux faire plus tard. Lorsque la discipline et la patience font équipe, elles forment une troisième entité, la persévérance, qui supporte tous les hauts et les bas et permet de mener à bien toutes les intentions. L'enthousiasme donne l'allure, mais la persévérance permet d'atteindre le but. La méthode, la patience et la persévérance sont les clés qui donnent accès à n'importe quelle destination. Le trésor ne se trouve pas seulement en fin de course, tu vois : c'est le processus lui-même qui devient la récompense. »

Nous nous retrouvâmes sur le sommet. J'essuyai mon front tout en regardant la vue imprenable que j'avais sous moi, vue d'autant plus appréciée que je l'avais gagnée à la sueur de mon front. Je me tournai vers la sage qui me pointa du doigt un autre sommet encore plus haut, encore plus loin, puis un autre encore. «Dès que tu atteins un but, tu t'en crées un autre. Ce voyage-là ne finit jamais», dit-elle alors que nous faisions demi-tour pour amorcer notre descente.

LA LOI DE LA PRÉSENCE

VIVRE DANS L'INSTANT PRÉSENT

Le temps est un grand paradoxe
car il s'étire entre un passé et un futur
qui ne sont pas réels,
sauf dans notre esprit.
Le concept du temps
est une convention intellectuelle et linguistique,
une convention sociale.
Mais la vérité profonde,
c'est que nous ne disposons que de l'instant présent.

On ne peut vivre heureux à tout jamais que
si l'on vit heureux à chaque instant.

Margaret Bonnano

Notre descente fut plus rapide que notre ascension, mais j'étais tellement perdu dans mes pensées que je le remarquai à peine. Où allions-nous? Qu'allions-nous faire maintenant? Pourrais-je me rappeler tout ce que la sage me disait? Quand rentrerais-je à la maison? Est-ce que je la verrais demain?

Comme si elle venait répondre à mes réflexions silencieuses, la femme me dit: «Tu me sembles préoccupé. Peut-être le moment est-il venu maintenant de parler de la Loi de la Présence. Oui, se dit-elle tout haut, *maintenant* est toujours le bon moment.» Elle me montra du doigt les collines sous-jacentes et me demanda: «Vois-tu combien les rayons du soleil illuminent ce champ de jonquilles et combien il les fait ressortir sur ce fond d'herbes vert émeraude? À mes yeux, ce spectacle est aussi beau que n'importe quelle œuvre d'art dans n'importe quel musée du monde.»

Nous marchâmes en silence alors que le ciel du crépuscule s'emplissait de couleurs.

Quelques minutes plus tard, alors que nous débouchions de derrière certains gros rochers à l'apparence familière, la cabane de la sage apparut. La femme ouvrit la porte de chaume et m'invita à nouveau à entrer. Elle alluma le feu en un tournemain et un crépitement se fit rapidement entendre. Puis, elle se leva et s'excusa en disant qu'elle devait sortir – pour soulager un besoin naturel, supposai-je, comme je l'avais fait moi-même un peu plus tôt dans la journée.

Les minutes passaient et elle n'était toujours pas revenue. Je commençai à m'agiter d'impatience, me demandant quand elle reviendrait et comment je pourrais bien retrouver dans l'obscurité le chemin pour rentrer chez moi – si, évidemment, je rentrais chez moi. J'imaginai qu'il m'était toujours possible de dormir dans les collines, car la température était fraîche, mais pas froide, et ma famille ne devait revenir que lundi après-midi, c'est-à-dire dans deux jours.

Ce qui se produisit l'instant suivant fut si étrange que j'en vins à douter de mes sens. À la place de la femme, ce fut un gros chat qui pénétra dans la cabane. Il entra de façon déterminée, comme s'il savait exactement où il allait. Sa fourrure sombre et lustrée était peut-être en partie celle d'un siamois et en partie, disons, celle d'un sage. Pourquoi un sage? Parce que l'instant d'après il se mit à me parler, non pas verbalement mais par télépathie. Sa voix ressemblait à celle de la femme, mais en plus calme. Il était assis sur son séant, bien droit comme le font les chats en général et me regardait droit dans les yeux. Il entra directement dans le vif du sujet: « As-tu déjà pensé à quel point le temps était une chose très paradoxale? » demanda-t-il avant de commencer à se lécher le pelage de l'épaule avec délicatesse.

Une grande sensation d'étrangeté me fit répondre tout haut: « Je ne peux pas dire que oui. En tout cas, pas depuis que j'ai lu mon dernier roman sur le voyage dans le temps. »

J'entendis à nouveau sa « voix » résonner à mes oreilles ou dans ma tête. « Le temps s'étire entre un passé et un futur qui n'appartiennent à aucune réalité objective. Le temps est une convention intellectuelle et linguistique, une convention sociale. »

« En d'autres mots, cela veut dire que le temps existe seulement parce que nous décidons qu'il existe? »

« Exactement! susurra le chat. Le temps est comme un film dans lequel les multiples images de ta vie passent successivement devant un objectif. Chaque image représente le moment immédiat de ton existence fixée dans le présent, même s'il semble que ces images soient en mouvement. Mentalement, tu peux te projeter dans ce que tu appelles le passé ou le futur, mais tu ne peux vivre rien d'autre que le moment présent. Moi et ceux de mon espèce sommes passés maîtres dans l'art de vivre l'instant présent. » Sur ce, il s'étira, s'allongea dans un mouvement gracieux et poursuivit la toilette de sa fourrure.

Je réfléchis à ce qu'il venait de me dire. J'ai toujours aimé les chats, malgré leur air de supériorité hautaine. Et même si cela me semblait complètement loufoque qu'un chat m'enseigne la Loi de la Présence, j'avais aussi l'impression que c'était tout à fait approprié. Jamais un seul des chats que j'ai connus ne s'est préoccupé ni du passé ni du futur. Comme le plus sage des sages, le chat vit chaque instant dans le renouveau.

Le chat me regarda avec une attention totale. « Moi et ceux de mon espèce avons de la présence parce que nous sommes totalement présents. Nous sommes dans l'ici et le maintenant. Peux-tu en dire autant ? »

« Moi ? Euh, oui. J'ai... j'ai parfois l'impression de bien être où je suis. Je veux dire... » Par le temps que j'aie fini de bégayer ma réponse, il s'adonnait à des choses plus importantes, comme, entre autres, regarder un papillon de nuit à la lueur du feu.

Comme si ce que j'avais dit ne méritait aucun commentaire, il poursuivit: «Ce que tu as fait ce matin, hier ou l'an passé s'est effacé, sauf de ton esprit. Ce qui est à venir n'est encore qu'un rêve. Il ne te reste donc que le moment présent, tu vois. »

«Je vois», dis-je en n'étant pas sûr du tout de ce que je voyais.

«Je n'ai pas fini. Es-tu conscient que ta sensation du temps qui passe provient du fait qu'une formidable collection d'impressions et de souvenirs se manifestent dans l'instant présent? Les regrets des choses passées ne sont que des impressions qui se produisent dans le présent. Les anxiétés face au futur n'existent pas dans l'instant présent, sauf dans ta tête, sous la forme d'images, de sons et de sensations. En d'autres termes, le passé et le futur se produisent dans l'ici et le maintenant au moment précis où tu les crées toi-même. »

En essayant tant bien que mal de reprendre de l'assurance, je dis: «Si c'est ça la Loi de la Présence, c'est pas mal abstrait. »

«Ce qui est abstrait, c'est le temps, répliqua le chat. Tu peux par contre appliquer la Loi de la Présence de façon très pratique pour éliminer les regrets, les préoccupations et la confusion. Ta capacité à revenir avec toute ton attention sur l'instant présent croîtra avec la pratique. Un jour, tu finiras peut-être par le faire comme moi, tout naturellement. »

Mon assurance en prit un coup. Ce chat voyait juste et il mettait en pratique ce qu'il prêchait. Puis, mon esprit partit à la dérive pendant un instant et je regardai vers la porte. Où était la sage ? Elle aurait dû être de retour depuis longtemps.

« Youhou ! », entendis-je le chat dire à mon intention, ce qui me ramena instantanément au présent. « Comprends-tu de quelle façon la Loi de la Présence peut changer ta vie pour toujours ? Le "toujours" étant bien entendu le "maintenant". »

« Je sais déjà combien il est important de vivre dans le présent », rétorquai-je en essayant de sauver le peu d'amour-propre qui me restait.

« Savoir et faire ne veulent pas nécessairement dire la même chose, surtout dans ton cas », ronronna-t-il en semblant extrêmement fier de lui. « Quand tu as un problème, cela a toujours à voir avec le passé ou le futur. Tu permets aux problèmes de persister dans ton présent parce que tu leur accordes attention et énergie, tu les laisses libres de demeurer dans ta tête. Moi, au contraire, je ne m'y arrête même pas. La vie est bien trop courte », conclut-il irrévocablement.

« Je vous remercie de tous ces beaux conseils, votre Majesté, lui dis-je. Avez-vous terminé ? »

«Pas tout à fait. Pas avant que tu n'aies vraiment compris que le passé et le futur ne sont rien d'autre que les mauvaises habitudes du mental, de *ton* mental. Les soucis concernant le passé ou le futur ressemblent aux fantasmes d'un dément qui croit entendre des voix ou voir des créatures que son imagination crée de toutes pièces. Je ne parle pas de moi ici, cela va sans dire. »

Je sus déceler l'ironie de la situation, c'est-à-dire entendre dire cela par un chat qui parle.

«Mais, continua-t-il, quand tu remarques de plus en plus consciemment ce que tu fais, tu peux te débarrasser de cette habitude, comme de toute autre, en te souvenant de la Loi de la Présence et en la mettant à l'œuvre. » Il s'arrêta de lécher sa fourrure pour m'accorder toute son attention. «J'espère sincèrement que tu apprécies la Loi de la Présence à sa juste valeur ainsi que le temps que j'ai pris pour te l'expliquer. » Avant même que j'aie eu le temps de formuler une réponse, il enchaîna: «La présence est comme un mécanisme temporel qui éclaire l'esprit, te libère de l'anxiété et donne naissance à une nouvelle façon de vivre. Autrement dit, tu deviens plus comme moi. »

«Je meurs d'impatience », répliquai-je en riant.

«Comme je te l'ai déjà expliqué, pour *avoir* de la présence, il faut *être* présent et te rappeler où tu es et *quand* tu es. Seulement à ce moment-là, sauras-tu *qui* tu es. La présence t'enseigne une chose : l'importance de ce que tu fais aujourd'hui, car tu y accordes une journée de ta vie. Laisse donc cette loi balayer de ton esprit tous débris inutiles pour te permettre de retrouver un état de clarté, de simplicité et de paix intérieure. »

« Comme toi », avançai-je.

« Je suis très heureux que tu en fasses la remarque », ronronna-t-il de plaisir. « Et souviens-toi que, même si tes pensées te semblent réelles ou qu'elles s'imposent fortement à toi, tu peux toujours avoir recours à la Loi de la Présence en te rappelant que seul le présent existe, que seul le présent est réel. Si tu le fais dans une attitude de respect et que tu reconnais à l'instant présent tout ce qu'il a de sacré, tu rends alors hommage à cette partie paisible à l'intérieur de toi, cette partie féline qui sait. Et tout ira bien. »

« C'est aussi facile que ça de ressembler à un chat ? »

« Dans ton cas, peut-être que ça prendra un peu plus de temps », dit-il en arquant le dos. Puis, il bâilla et contourna le feu pour se diriger vers la porte. « Accueille l'instant présent, mets un pied devant l'autre et occupe-toi de ce qui se trouve devant toi. Car, même si ton esprit vagabonde de-ci de-là, ton corps, lui, reste invariablement dans l'ici-maintenant. Lorsque tu sens que les choses se précipitent, retrouve ton calme dans le présent en prenant une profonde inspiration et reviens dans l'ici-maintenant. » Le chat s'étira voluptueusement une fois de plus et, sans rien ajouter, sortit de la cabane.

Presque immédiatement après le départ du chat, la sage réapparut et s'assit, sans donner aucune explication. « Où en étais-je ? dit-elle. Ah oui, nous étions en train de discuter la Loi de la Présence. »

« Je pense que le sujet a été pas mal couvert », dis-je. J'eus l'impression de déceler dans ses yeux un regard amusé, ou peut-être me trompai-je. « Et où étiez-vous passée ? » lui demandai-je.

« Oh, j'étais dehors, je profitais de l'air nocturne tout en étant appuyée sur le mur arrière de la cabane, derrière toi. »

« Mais, attendez un instant, est-ce vous qui...? » Je ne pris même pas la peine de finir ma phrase. J'observai la femme qui, avec une grande présence, suspendit une petite bouilloire au-dessus du feu sur un bâton de bois vert et y laissa tomber quelques feuilles de thé. Je me demandai si nous allions parler toute la nuit, puis cessai de me poser la question pour apprécier le moment – et le thé par la même occasion, qui se révéla délicieux.

LA LOI DE LA COMPASSION

S'ÉVEILLER À L'HUMANITÉ EN NOUS

L'univers ne nous juge pas :
il met à notre disposition diverses possibilités
que nous devons peser,
dont nous devons subir les conséquences
et dont nous tirerons des leçons
en observant la loi de cause à effet.
Faire preuve de compassion,
c'est reconnaître que
nous faisons du mieux que nous pouvons
dans le cadre limité
de nos croyances et de nos capacités du moment.

Nourrir ceux qui ont faim,
pardonner à ceux qui m'insultent et aimer mon ennemi,
voilà de nobles vertus.
Mais que se passerait-il si je découvrais
que le plus démuni des mendiants
et que le plus impudent des offenseurs
vivent en moi,
et que j'ai grand besoin
de faire preuve de bonté à mon égard,
que je suis moi-même l'ennemi
qui a besoin d'être aimé ?
Que se passerait-il alors ?

C. G Jung

Les yeux fixés au-dessus du petit feu, je voyais le reflet des flammes dans les yeux de la sage. Son visage éclairé par la lueur du feu semblait sans âge. Seules quelques rides apparaissaient autour de ses yeux, pattes d'oie que je mettais plutôt sur le compte du sourire. Car cette femme souriait souvent. Même quand elle semblait profondément sérieuse, je pouvais déceler sous son expression un fond sous-jacent d'humour et de vision profonde.

Nous passâmes un grand moment en silence à fixer les charbons ardents. Puis, elle m'invita à sortir pour apprendre la Loi de la Compassion. Nous nous levâmes ensemble et sortîmes.

Je regardai autour de moi, émerveillé. Le paysage avait-il à nouveau changé ou était-ce le clair de lune qui me donnait cette impression ? Devant nous s'étendait un terrain plat couvert de suffisamment d'arbres pour nous protéger d'une fine bruine qui venait éliminer la poussière diurne et amenait un agréable parfum de terre où se distinguait l'odeur de l'écorce et des feuilles mêlée à celle du sol et des herbes.

« Tout a l'air si vivant », remarquai-je.

« Et tout l'est effectivement », répondit-elle en caressant l'écorce rugueuse d'un arbre situé près d'elle. Sous les rayons de la lune croissante, les collines ondulantes prenaient une autre dimension : j'avais la sensation de voir les courbes du corps terrestre. « Imagine-toi loin au-delà de ces collines, me dit-elle. Transpose-toi au-dessus des océans, des fjords, des volcans, des récifs, des imposantes montagnes terrestres ou sous-marines. Tous fourmillent de vie, ils sont la chair et les os, le sang et l'esprit de notre mère la Terre. »

De son index pointé, elle me fit remarquer une minuscule puce, qui sauta et disparut. « Si tu étais une puce vivant sur le dos d'un éléphant, me dit-elle, tout ce que tu verrais, ce serait une forêt de grands poils poussant tout autour de toi sans savoir le moins du monde ce sur quoi tu te tiens. Mais si tu faisais un grand bond en l'air et que tu regardais autour de toi, tu te rendrais compte que tu vivais en réalité sur le dos d'une créature vivante. C'est ce qui s'est produit pour les premiers astronautes qui sont partis dans l'espace. Ils ont quitté la Terre en tant que scientifiques et pilotes, et y sont revenus transformés en mystiques, car de leur vaisseau spatial ils ont une vision unique, glorieuse et sacrée, celle d'une planète vivante d'un beau bleu-vert qui respirait. Cette vision suscite un sentiment d'humilité en nous, sentiment accompagné d'un sens de grand respect et de compassion qui vient enjoliver notre vie quotidienne. »

« Comme tu as pu apprendre la Loi de l'Équilibre auprès d'une aigrette, celle de la Présence auprès d'un chat, tu peux maintenant apprendre la Loi de la Compassion auprès de la Terre, dont nous foulons l'écorce, dont nous coupons et brûlons les arbres, dont nous exploitons les ressources vivantes en poursuivant nos petites affaires sans jamais penser à lui demander la permission ni à la remercier. »

La sage leva les yeux vers le ciel nocturne. «Cela fait des siècles que je parle à la Terre: je connais son cœur et je peux t'assurer que sa compréhension est si profonde et si vaste que les larmes t'en viendraient aux yeux si seulement tu pouvais ne serait-ce qu'effleurer la compassion qui l'anime. La Terre nous pardonne parce qu'elle sait que nous sommes la chair de sa chair, que nous sommes une partie d'elle qui est encore en train d'apprendre et de grandir.»

«Alors, je te demande ceci», poursuivit-elle en s'accroupissant pour ramasser une poignée de riche terreau qu'elle laissa couler entre ses doigts, «si la Terre peut te pardonner tes erreurs, ne peux-tu pas te pardonner à toi-même et faire preuve à l'égard des autres de la même compassion?»

Je m'allongeai pour regarder le ciel étoilé. «Je ne pense pas que la compassion soit mon fort.»

«Tu n'en fais pas beaucoup preuve à ton égard, n'est-ce pas?» demanda-t-elle avec douceur.

«Non, je ne pense pas.»

«C'est donc par là qu'il faut commencer. Plus tu feras preuve d'aimable bienveillance à ton égard, plus tu seras capable d'en faire autant avec les autres.» Elle se leva et retourna dans la hutte. Je la suivis. Alors qu'elle me fixait par dessus le feu pétillant, le regard éclairé, elle me confia l'essence de cette loi. «Le temps est venu pour toi, pèlerin, de te voir et de voir les autres sous un angle nouveau, sans les jugements ni les attentes qui créent un mur entre toi et le monde. Le temps est venu de réaliser que chacun de nous – amis comme ennemis – fait de son mieux dans le cadre limité de ses croyances et de ses capacités. »

« Rumi, le poète, a écrit un poème que je veux te réciter : " Au-delà de ce que l'on considère comme des méfaits et des bienfaits, il y a un champ. C'est là que je te rencontrerai. Lorsque l'âme s'allonge dans cette herbe, le monde est trop plein pour pouvoir en parler. " Rumi a pu écrire ces quelques paroles parce qu'il avait compris que le jugement est une invention humaine, que Dieu n'est pas ici-bas pour nous juger mais pour nous donner les moyens d'apprendre à partir de nos erreurs afin que nous puissions grandir et évoluer. » La femme se tourna vers moi et me demanda : « Si tu peux accepter que Dieu ne te juge point, pourquoi devrais-tu juger les autres ? »

« J'essaie de ne pas juger les autres. Mais que faire avec les gens violents ou cruels ? » demandai-je.

« La Loi de la Compassion n'est ni arbitraire ni conditionnelle, répondit-elle. Nous savons qu'il existe effectivement dans ce monde des gens profondément perturbés et destructeurs, et que ces gens perturbés peuvent déranger les autres. La compassion ne veut pas dire qu'il faut laisser de tels gens te piétiner ou perpétuer leur comportement destructeur. Certains individus doivent être mis en marge de la société. Mais, on peut par contre faire preuve de compassion envers la malveillance sans pour autant y succomber. Dans une bataille, tu peux ressentir de la compassion pour ton adversaire même si l'issue du combat est la mort. »

« Mais pour quelle raison faire preuve de compassion envers les gens cruels ou ignobles ? Pourquoi ne pas simplement haïr ce qui est haïssable ? »

« Cette question revêt une grande importance et mérite une réponse très claire, une réponse que tu dois trouver toi-même. Mais n'oublie pas une chose : la haine et la compassion sont deux sortes d'énergie différentes. De laquelle de ces deux énergies veux-tu remplir ton monde ? »

« Votre bienveillance est au-dessus de tous les arguments que je pourrais soulever, répondis-je, mais tout de même je trouve très difficile d'être gentil avec les bigots ou avec ceux qui abusent des enfants. »

« Je n'ai jamais dit que la compassion venait facilement ! répliqua-t-elle. Mais facile ou pas facile, cette loi te pousse à agir dans l'amour et la compréhension plutôt que dans la haine ou l'ignorance. Pour y arriver, tu dois adopter une vision beaucoup plus élargie des choses. Tu dois réaliser que tu vis dans un univers, si mystérieux soit-il. Cette compréhension profonde des choses naît dans le discernement intuitif et se fond à l'intelligence innée de l'univers. Peu importe que cette compréhension te soit révélée par le biais de l'observation, de la raison ou de la foi religieuse. L'important est que tu comprennes que dans le monde naturel, tu n'as ni amis, ni ennemis. Tu n'as que des enseignants. »

« J'ai l'impression qu'il faut être un saint pour mettre cette loi en pratique. »

Elle répondit en souriant : « La Loi de la Compassion nous fait cadeau d'une exigence fort charitable, celle d'aller au-delà de nos visions limitées. Et ceci peut parfois nous paraître insupportable. Alors, n'oublie pas que compassion bien ordonnée commence par soi-même. Sois doux et patient envers toi. Nous avons tous beaucoup de pensées et d'émotions qui surgissent dans notre esprit et dans notre cœur, qu'elles soient positives ou négatives. Pas besoin d'être un saint : au lieu de croire ou de résister aux pensées négatives, laisse la compassion les effacer dans une vague d'amour et de compréhension. »

« Tout ça me paraît encore trop relever du domaine des saints. »

La sage se leva et marcha de long en large pendant quelques instants avant de se retourner et de me faire face. « Te souviens-tu d'une occasion dans ta vie où tu as eu une dispute virulente avec quelqu'un, où tu te sentais plein de ressentiment, envieux ou trahi ? »

« Oui », répondis-je.

« Remémore-toi cette dispute et retrouve la sensation de souffrance et de colère », dit-elle.

« Bon, je la sens. »

« Imagine maintenant que, en plein milieu de cette dispute violente, la personne avec laquelle tu te disputes se saisit soudain la poitrine d'une main, pousse un cri et s'écroule morte à tes pieds. »

« Mon Dieu », soufflai-je, en visualisant la scène.

« Qu'est-il arrivé à ta colère ? Qu'est-il arrivé à ton envie et à ta jalousie, à ton ressentiment et à ta souffrance ? »

« Tous ces sentiments ont disparu, répondis-je. Mais qu'adviendrait-il si j'étais heureux que la personne soit morte ? Si je ne pouvais lui pardonner ? »

« Tu pourrais te pardonner de ne pas lui avoir pardonné. Et avec ce pardon, tu découvriras la compassion qui apaise la souffrance d'être un humain dans ce monde. Pour retrouver cette attitude de pardon lorsque tu en as besoin, ajouta-t-elle, imagine ton ami, amante ou adversaire gisant à tes pieds, comme tu te retrouveras toi-même un jour aux pieds de l'Esprit. Ta vision sera alors différente, parce que la mort rend ulti-mement toute chose égale. Nous quittons tous un jour ce monde ainsi que ceux que nous aimons. Nous som-mes tous animés d'espoir et de désespoir. Et nous connaissons tous les rêves et les échecs. Dans le mys-tère qu'est la vie, nous sommes liés les uns aux autres sans savoir pourquoi et nous faisons simplement de notre mieux. »

« C'est peut-être ce que Platon voulait dire quand il a dit : "Soyez bons les uns avec les autres, car tous ceux que vous rencontrez sont engagés dans un com-bat difficile." »

« Oui, c'est ce qu'il a voulu dire, dit-elle. Maintenant tu comprends. » Sur ce, elle se rendit à sa couche de feuilles et s'allongea. Je l'observai pendant quelques instants à la lueur décroissante du feu, alors que les derniers charbons ardents craquaient et mou-raient.

LA LOI DE LA FOI

AVOIR CONFIANCE EN L'ESPRIT

*La foi est ce qui nous relie directement
à la sagesse universelle.
Elle nous rappelle que nous en savons plus
que ce que nous avons entendu, lu ou appris,
qu'il nous suffit de regarder, d'écouter
et de nous fier à l'amour et la sagesse
de l'Esprit Universel
qui est à l'œuvre en chacun de nous.*

La foi défie l'âme
d'aller au-delà de ce qu'elle peut voir.

William Clarke

Lorsque je me réveillai, la femme n'était plus là et je ne savais vraiment pas si elle allait revenir ou pas. Je me levai prestement, sortis de la cabane et la cherchai, mais ne trouvai aucun signe de sa présence, même pas une empreinte. À mesure que les minutes s'écoulaient, le doute traversait mon esprit comme de gros nuages auraient traversé le ciel. Existait-elle réellement ou n'était-elle qu'une sorte de rêve merveilleux ? Mais non ! Tout cela était bien réel, et bon, et vrai !

Puis, comme je scrutais le bois, je l'aperçus debout sous le couvert matinal et paisible des arbres, près de trois cerfs, une biche et ses deux faons. À cet instant-là, j'eus l'impression qu'elle faisait partie de leur monde, qu'elle était un cerf à forme humaine et je me sentis comme un intrus. Ils tournèrent la tête tous ensemble et me virent. Les cerfs se déplacèrent vers une zone plus densément boisée et disparurent en même temps que la sage me rejoignit.

« J'aimerais te montrer quelque chose », me dit-elle en me tendant une poignée de petites mûres. « Les cerfs en raffolent, mais tu les trouveras peut-être un peu amères. » Elle avait raison : elles étaient amères. Malgré cela, elles surent satisfaire ma faim et m'emplirent d'une sensation de légèreté et de vitalité. Nous partîmes ensuite faire une promenade matinale, nous arrêtant seulement près d'une petite cascade pour y boire un peu d'eau. Je la suivis pas à pas jusqu'à un petit monticule herbeux sur lequel avait poussé un champ de fleurs multicolores – des rouges, des jaunes et des bleues d'un ton éblouissant.

« Lorsque je regarde les fleurs s'ouvrir sous les rayons du soleil matinal, cela me rappelle la Loi de la Foi », me dit la sage.

« Cette loi concerne-t-elle la religion ? » demandai-je.

« Pour avoir la foi, on n'a pas besoin de croire en un Dieu extérieur ; il suffit de croire aux fleurs, dit-elle en souriant. Car si on apprécie les fleurs, on ne peut faire autrement qu'apprécier Dieu aussi, non pas à travers une croyance, mais grâce à une sensation de merveille et de mystère. La Loi de la Foi t'apprend à faire confiance à l'intelligence et à l'amour universels qui se manifestent en toi et en toute créature. »

« Honnêtement, je ne peux pas dire que je fais confiance à tout le monde. »

La sage se mit à rire. « La foi n'est pas aveugle. Nous savons tous qu'il existe des gens malhonnêtes et dangereux, et nous devons être forts et vigilants dans ce monde. Un sage arabe nous le rappelle d'ailleurs avec ce dicton : "Aie confiance en Allah, mais n'oublie pas d'attacher ton chameau ! " »

« Mettre la Loi de la Foi en application ne veut pas dire s'attendre en toute confiance à ce que les autres fassent ce qui est juste. Cette loi a une portée plus vaste, plus transcendante. Elle nous permet de reconnaître que l'Esprit se manifeste en nous, par nous et comme chacun d'entre nous, à travers chaque personne et chaque circonstance. La foi traduit également une attitude : peu importe ce qui se produit, l'événement sert une cause plus noble, même si les apparences semblent indiquer le contraire. »

« C'est pousser les choses un peu loin, ne croyez-vous pas ? Surtout s'il se produit une tragédie dans la vie de quelqu'un. »

« Ce qui pousse l'être humain le plus loin, qui lui fait faire le plus grand des bonds en avant, c'est la foi. Parce que tout ce qu'il a pour continuer sa route, c'est la foi. »

« Et ce bond, comment est-ce que je le fais ? »

La sage s'assit avec le mouvement d'une feuille qui se dépose sur un coteau herbeux et me demanda :

«Que se passerait-il en toi si tu découvrais avec certitude qu'une intelligence supérieure se manifeste en toi et en chacun de nous pour le plus grand bien de l'humanité, et qu'il y a effectivement une intention derrière tout plaisir et toute souffrance?»

«Si j'étais certain de la chose, cela ferait une grande différence pour moi.»

«La Loi de la Foi n'exige pas de toi que tu y crois, pèlerin, mais elle te pousse à vivre ta vie comme si c'était vrai. En d'autres mots, elle te pousse à vivre en fonction de la foi. Et lorsque tu vis à la lumière de cette loi, ta perception et ton expérience du monde se transforment. Tu en viendras à considérer chaque difficulté comme une épreuve d'apprentissage. Tout nouveau défi sera pour toi l'occasion de tirer une leçon ou d'apprendre quelque chose de nouveau.»

«Êtes-vous en train de dire que je dois préférer la foi à la raison?»

Elle se mit à rire, trouvant probablement mon commentaire amusant. «La foi ne s'oppose pas à la raison. Au contraire. L'application de la Loi de la Foi est une des choses les plus pratiques, les plus raisonnables et les plus constructives que tu puisses faire afin de vivre ta vie avec inspiration.»

Tendant le bras pour toucher les pétales d'une fleur, elle ajouta: «Étant une des plus délicates et vulnérables formes de vie de la nature, la fleur a une vie courte et précaire. Un pied insouciant, un hiver sans pluie ou une pluie diluvienne, et la délicate fleur devra mener une lutte désespérée pour survivre. Malgré tout ça, elle ouvre tout grands ses pétales chaque matin. Les fleurs en ont beaucoup à nous apprendre sur la foi. Dans ta propre vie, lorsque tu cultiveras le jardin de la foi, comme cette fleur, tu renaîtras à une nouvelle vie. »

Je baissai les yeux et touchai cette fleur si délicate, si douce et si vulnérable. Pour la première fois de ma vie, je réalisai que je n'avais même pas la foi qu'une fleur pouvait avoir. Ce que me dit ensuite la sage fit exactement écho à ce que je ressentais au plus profond de moi. « La foi n'est pas une ressource dont tu peux te déclarer propriétaire, dit-elle. La foi est l'ordre divin qui transcende toute chose, c'est la lumière qui brille au fond de tes yeux, la tendre et mystérieuse intelligence qui émane du cœur même de la création. »

« De quelle façon puis-je vivre ce genre de foi dans ma vie de tous les jours ? » demandai-je.

« Commence tout d'abord par écouter la sagesse intuitive de ton cœur, là où l'Esprit parle. Tellement de gens se fient aux livres, aux professeurs, aux scientifiques, aux médiums, aux oracles ou à d'autres choses pour se faire conseiller et diriger, ou pour se faire confirmer leurs points de vue ! »

« Mais est-ce que je ne me fie pas moi-même à vos conseils et à vos directives ? »

Une bruine légère commença à tomber, qui se transforma sous peu en pluie diluvienne. La sage m'entraîna sous le couvert de branches formant une voûte et répondit à ma question. « Les professeurs et les livres ont leur importance, et les sources d'inspiration et de conduite peuvent arriver dans ta vie sous différentes formes. Cependant, n'oublie jamais que le trésor est déjà en toi, que les autres ne peuvent te donner une chose qui n'est pas déjà en ta possession. Ils peuvent seulement t'aider à avoir accès à ta richesse intérieure. C'est pourquoi tu dois attentivement écouter ceux qui parlent d'expérience et accueillir la sagesse là où tu la trouves, sans oublier de toujours mettre en balance les conseils qui te proviennent de l'extérieur et la sagesse de ton propre cœur. »

« À certains moments, je me suis fait confiance, ai pris une décision et me suis trompé. »

« Tu peux préférer un itinéraire à un autre, puis, conséquemment à ce choix, trouver sur ton chemin épreuves et difficultés. Cela veut-il automatiquement dire que le choix était le mauvais en ce qui concerne ton apprentissage et ton bien sur un plan supérieur ? »

« Euh, non. Je dirais que non. »

« Avoir la foi, c'est prendre pour acquis que le choix que tu fais est toujours le bon. »

« J'aimerais beaucoup avoir une telle confiance en moi ! »

« La confiance en soi, avança-t-elle, se développe naturellement à partir du vécu. Tu apprends à faire confiance aux instincts de ton corps, à l'intuition de ton cœur et aux capacités de ton mental pour avoir accès à l'intelligence universelle. »

Alors que quelques gouttes de pluie venaient me rafraîchir le front, la sage me fit remarquer du doigt l'eau qui jaillissait à flots d'une fissure d'un rocher et qui se transformait en cascade pour ensuite tomber en éclaboussures sur les rochers en-dessous. « Vois-tu à quel point l'eau semble sourdre du rocher ? demanda-t-elle. Pourtant, tu sais fort bien que l'eau provient non pas des rochers mais qu'elle passe sur eux. Tu sais que cette eau vient d'en haut. À l'instar de l'eau, la sagesse supérieure ne provient pas de ton cerveau mais passe par lui. Tu n'es pas un réceptacle qui doit être rempli de faits, mais plutôt un récepteur de radio syntonisé sur l'intelligence universelle qui est à l'œuvre dans la création tout entière. Tout ce qu'il te reste à faire, c'est d'écouter et d'avoir confiance. »

« J'aimerais avoir la même assurance que vous à ce sujet », dis-je.

La sage sourit à nouveau. «Cher pèlerin, avoir la foi, c'est également vivre dans l'incertitude, avancer à tâtons pour trouver ton chemin de vie, laisser ton cœur te guider, comme une lanterne éclairerait ton chemin dans l'obscurité. Il n'y a aucune sécurité absolue sauf dans la foi absolue. Cela ne veut pas dire pour autant que toutes les circonstances de la vie te souriront ou que la justice divine entrera en fonction chaque fois que tu te blesseras ou que tu guériras. Il peut se produire toutes sortes d'événements dans ce monde, certains magnifiques, d'autres horribles. Notre mental étriqué n'est pas toujours capable de voir ce qu'il y a en arrière des événements ou de comprendre ce qui est pour notre bien sur un plan supérieur. Ainsi, malgré la confusion et l'insécurité, quand tu peux apprendre à vivre en fonction de la foi, comme les fleurs, et à accepter que l'Esprit est à l'œuvre selon une volonté supérieure qui est hors de portée de ton mental, tu vois l'Esprit se manifester en tout lieu, en toute chose et en toute personne. »

Pendant plusieurs minutes, alors que je dépassais un monticule et redescendais un sentier qui virait sur le côté, mon mental fit silence jusqu'à ce qu'une autre question surgisse. «Lorsque je serai capable d'avoir accès à cette sagesse intérieure, est-ce que je serai guidé comme vous et est-ce que je pourrai éviter de faire tant d'erreurs? »

Elle éclata de rire. « Il y a quelques semaines, j'ai trébuché et j'ai déboulé la moitié de cette colline. »

« C'est vrai ? »

« Oui, c'est vrai. Par contre, quand je me suis retrouvée face contre terre, j'ai découvert une magnifique pierre que je n'aurais jamais trouvée si je n'étais pas tombée. Alors, tu vois, la foi n'a rien à voir avec le fait d'être infaillible et de vouloir que toujours tout te réussisse. La foi a à voir avec la volonté de dépasser tes limites, de faire des erreurs et d'en tirer des leçons. En d'autres termes, cela revient à dire que tu dois avoir confiance en la façon dont se déroule ta vie. Plus tu fais confiance en l'Esprit de cette façon, plus tu utiliseras directement ce dernier comme le moteur d'entraînement de ta vie. »

Il s'arrêta de pleuvoir en même temps qu'elle finit de parler. Sortant du couvert des arbres pour venir m'exposer aux chauds rayons du soleil, je ressentis un calme et un bien-être extraordinaires. À ce moment-là, je sus que, nonobstant les épreuves et les défis auxquels l'humanité est confrontée, le monde est entre les mains de l'Esprit et qu'il s'épanouit à la manière d'une fleur, dans la Lumière.

LA LOI DES ATTENTES

DONNER PLUS D'AMPLEUR
À NOTRE RÉALITÉ

L'énergie suit la pensée.
Nous nous dirigeons vers ce que nous imaginons,
et non pas au-delà.
Ce que nous tenons pour acquis,
ce à quoi nous nous attendons
et ce en quoi nous croyons
crée notre expérience et lui donne sa couleur.
En dépassant nos croyances les plus profondes
quant à ce qui est possible ou pas,
nous changeons notre expérience de vie.

Nos vies se façonnent beaucoup plus
en fonction de nos attentes que de nos expériences.

George Bernard Shaw

Nous continuâmes notre chemin en silence le long des sinueux passages de cerfs jusqu'à ce que nous eussions rejoint un plateau, sur lequel la sage s'arrêta brusquement. La femme me tendit une pierre et m'indiqua du doigt un tronc d'arbre qui se trouvait à environ sept mètres. « J'ai un nouveau défi à te proposer », m'annonça-t-elle.

« Un autre arbre ? », demandai-je.

« Oui. Mais cette fois-ci, tu as seulement une pierre, seulement un coup pour frapper dans le mille. »

« Et si je le manque ? »

« J'ai d'autres trésors à te révéler. Mais si tu rates l'arbre, nous devrons nous quitter », dit-elle.

« Vous dites ça sérieusement ? »

« Tout ce que je dis, je le dis sérieusement. »

«Pourquoi est-ce si important que je frappe cet arbre du premier coup?» demandai-je en le pointant du doigt.

«Pas cet arbre, dit-elle en me reprenant. L'autre, là-bas.» Elle me montrait un gros chêne situé à trente mètres.

«Jamais je ne pourrai toucher cet arbre du premier coup! Pourquoi ne pas me servir de la Loi de la Méthode? Ne devrais-je pas commencer d'un peu plus près?»

«Cette épreuve ne concerne pas la Loi de la Méthode, mais la Loi des Attentes. Elle concerne la façon dont tes croyances et tes convictions profondes viennent façonner ton expérience.»

«Alors, je dois l'admettre: je ne crois pas pouvoir toucher cet arbre.»

«Moi, je crois que si», dit-elle en souriant.

«Si vous y croyez, *vous* devriez lancer la pierre!» répliquai-je en soupesant nerveusement la pierre.

Ignorant mon commentaire, la sage s'assit et m'invita à en faire de même. Je refusai. «Je préfère rester debout, si cela ne vous dérange pas. Je me sens un peu tendu.»

«Reste dans le présent, me rappela-t-elle. Tu auras tout le temps de t'inquiéter plus tard si c'est ce que tu veux. »

Je m'assis donc près d'elle et l'écoutai. «Avant que quoi que ce soit ne se manifeste dans ce monde, cela apparaît tout d'abord sous la forme d'une pensée ou d'une image dans l'esprit de quelqu'un. Tes pensées viennent colorer les fenêtres à travers lesquelles tu vois le monde. Et tes croyances deviennent les briques qui échafaudent ton expérience. Ceci revient à dire que chaque pensée positive est une prière, et que chaque prière est exaucée. »

«Croyez-vous vraiment à ça ? » demandai-je.

« Ce que je crois est moins important pour l'instant que ce que tu crois, toi, répliqua-t-elle. Pas ce que tu penses que tu crois, car les croyances superficielles n'ont que peu d'impact. Seules tes convictions les plus profondément ancrées ont le pouvoir de façonner ta réalité. »

«Ça me rappelle un vieux poème, dis-je. Deux hommes regardaient à travers les barreaux d'une prison : l'un d'eux voyait de la boue, l'autre des étoiles. »

« Oui, dit-elle. Ce que tu vois dépend de l'endroit où tu choisis de regarder, et l'endroit où tu regardes dépend de ce que tu t'attends à voir. Si tu crois, par exemple, que l'on ne peut pas faire confiance aux gens, tu verras le monde à travers le filtre de cette conviction et bien sûr tes expériences viendront te la confirmer. Tes croyances influent sur les choix que tu fais, sur l'orientation que tu prends, même sur les amis, les adversaires et la destinée qui se trouvent sur ta route. Tes croyances mettent en branle des processus et des mécanismes comportementaux intérieurs qui influent sur ta façon d'évoluer, d'agir et de sentir. Sur des plans encore plus subtils, tes pensées ont même un effet sur la taille et la couleur de ton champ énergétique auquel les autres réagiront. Si, par exemple, tu perçois les gens autour de toi comme des amis qui t'aiment bien, tu seras détendu et épanoui. Et ton énergie et ton comportement attireront les gens vers toi. Voici une des façons dont tes croyances peuvent façonner ta réalité. »

« Tout cela me semble plein de bon sens et je meurs d'impatience d'apprendre de quelle façon ceci va m'aider à frapper cet arbre en plein dans le mille à mon premier essai. »

« Et ton unique essai », me reprit-elle en m'indiquant d'un geste de me lever. « Maintenant, centre toute ton attention sur l'arbre, apprête-toi à lancer la pierre et dis tout haut: "Je peux réussir sans problème à frapper cet arbre." »

Me sentant complètement ridicule, je dis: «OK! Je peux réussir sans problème à frapper cet arbre.» Je n'y croyais pas une miette, bien entendu. En fait, les doutes m'assaillaient: il était impossible que je frappe cet arbre à une distance de trente mètres à mon premier essai ou à quelque autre essai que ce soit, même pas si je visais d'abord à gauche puis à droite, même pas si je commençais à tirer de plus près, chose qu'elle ne m'aurait de toutes manières pas permis de faire, même pas si j'étais un lanceur des ligues majeures de baseball. On ne pouvait pas s'attendre à ce que quiconque réussisse le coup: c'était tout bonnement trop loin!

«C'est facile de frapper l'arbre», dit la sage, faisant écho une fois de plus à mes pensées. «Ce qui l'est moins, c'est de surmonter les croyances négatives qui t'en empêchent.»

Elle ramassa une pierre. Je restai bouche bée: son tir frappa l'arbre en plein centre en produisant un bruit sec. «Je voulais juste attirer ton attention», dit-elle en souriant alors que j'écarquillais des yeux éberlués. «Il ne te suffit pas de répéter "Je vais y arriver, je vais y arriver"», expliqua-t-elle, alors que simultanément des doutes profonds te démunissent de ton esprit et te ravissent concentration et force. Je veux maintenant que tu exposes ces convictions négatives au grand jour, je veux que tu les exposes à ta conscience, ce qui te

permettra de les voir pour ce qu'elles sont. Vas-y!
Crie-les à tue-tête!»

Je me sentais vraiment ridicule, mais je fis ce
qu'elle me demandait. Je hurlai toutes les raisons qui
m'empêchaient de frapper l'arbre. Sur ses encourage-
ments, j'exprimai à maintes et maintes reprises tous
mes doutes à haute voix.

«Maintenant, dit-elle, regarde l'arbre à nouveau et
crée cette conviction en toi: "Je peux réussir sans problème à frapper cet arbre."»

Je répétai cette affirmation – «Je peux réussir sans
problème à frapper cet arbre» – et la plus incroyable
des choses se produisit: absolument aucun doute ne
m'assaillit. Ce que j'avais dit était vrai: je le sentais, je
le croyais totalement. Cela sonnait vrai et réel. Au
moment où je regardai l'arbre, je sentis une ligne
d'énergie s'étirer entre lui et moi, et je sus que ma
pierre suivrait cette ligne qui l'amènerait jusqu'à sa
cible. Je pris une position bien droite et bien assurée.
Rien d'autre n'existait à part moi, la pierre et cet arbre.
Pendant un instant, mon «moi» s'effaça. C'est justement à ce moment-là que je pris une inspiration et que
je lançai la pierre. À l'instant même où je la lâchai, je
sus qu'elle frapperait sa cible. Je la vis voler vers l'arbre comme si elle était attirée par lui. La pierre frappa
l'arbre de plein fouet et, simultanément, je sentis

quelque chose changer en moi. Je venais de comprendre la Loi des Attentes : avant de pouvoir réussir, il fallait que j'y croie, que je m'y attende vraiment.

Acquiesçant de la tête, la sage me dit : « Avant que tu tires, tu as vu toute la scène se dérouler dans ta tête. Et si, dans ton quotidien, tu projettes des images positives, des circonstances agréables et des dénouements heureux, ceux-ci deviendront réels pour ton mental profond. Et à son tour, ce dernier se fondera sur de telles expériences pour en attirer de semblables. La Loi des Attentes vient te rappeler le pouvoir inné qui est en toi et qui te permet de façonner ta vie par le biais des images et des attentes que tu crées. En exposant ouvertement tous tes doutes, tu extrais leurs racines de ton mental profond et tu les fais se dissoudre dans la lumière de ta conscience. »

« Et que se passerait-il si je me créais l'attente de voler ? Pourrais-je me servir du même processus ? »

« Je ne voudrais pas refroidir ton enthousiasme, pèlerin, mais les lois de l'Esprit qui se manifestent dans cette réalité se situent au-delà de nos croyances humaines. Vois-tu, la gravité fonctionne, que tu y croies ou pas. »

« Donc, même si j'effaçais tous les doutes possibles, je ne pourrais toujours pas voler. »

« Mais tu *peux* voler ! dit-elle. Tu peux t'élancer vers le ciel, t'envoler vers l'espace et atterrir sur la lune. D'immenses doutes ont dû être surmontés et de nombreux faits scientifiques, dépassés, avant que les hommes n'accomplissent l'impossible et ne prennent leur envol. Avec les Lois de l'Esprit, il n'y a aucune limite, sauf celles de tes croyances. Le futur qui nous attend, aussi bien sur le plan individuel que sur celui de l'espèce, sera la conséquence directe de notre capacité à comprendre et à appliquer la Loi des Attentes. »

Pendant que nous revenions vers la vallée, la sage poursuivit : « La Loi des Attentes souligne combien il est important d'examiner toutes nos vieilles convictions et suppositions, de remplacer les doutes autodestructeurs par des images fraîches et de créer de nouvelles croyances qui se fondent sur des intentions bien nettes. »

« Et qu'arrive-t-il dans le cas où il n'y a rien qui vienne étayer une croyance ? » demandai-je.

« C'est ce que j'ai essayé de te faire comprendre, dit-elle. Crois-y de toute manière ! L'attente créera la réalité. »

« Je ferai de mon mieux, répliquai-je. Pour ce qui est des doutes autodestructeurs, je dois dire que la lecture des journaux réussit parfois à me déprimer et à me faire perdre tout espoir en l'humanité, avec tous nos problèmes environnementaux, les enfants non désirés, le crime et la cupidité. »

« Moi, ce n'est pas l'espoir qui m'habite, mais la foi, dit-elle. Les véritables problèmes existent. Mais même lorsque nous nous penchons sur les problèmes les plus ardus, il semble plus sage de centrer notre attention sur les dénouements positifs et sur le potentiel humain. La Loi des Attentes nous enseigne que ce sur quoi nous centrons notre attention prend de l'ampleur. Le fait de se débattre avec des problèmes ne fait que les accentuer car on leur accorde notre énergie. Il faut donc centrer notre attention sur les solutions, pas sur les problèmes. »

La sage leva les yeux vers un faucon qui planait au-dessus de nos têtes renversées et semblait flotter sur le vent à la manière d'un cerf-volant, et me confia une dernière chose au sujet de la Loi des Attentes. « À la façon des vieux alchimistes, pèlerin, tu peux transformer le doute en confiance et la peur, en courage. Les attentes nouvelles amènent de nouveaux choix. N'attends pas que les expériences viennent te les confirmer. Crée une nouvelle vision de qui tu voudrais devenir et cette vision se réalisera à coup sûr. »

LA LOI DE L'INTÉGRITÉ

VIVRE SA PROPRE VÉRITÉ

*Être intègre, c'est vivre et agir
selon la loi spirituelle
et selon notre vision la plus élevée,
nonobstant les impulsions
qui nous poussent à faire le contraire.
Du plus profond de notre intégrité,
nous reconnaissons, acceptons et exprimons
notre véritable réalité intérieure,
et nous inspirons les autres
non pas par des paroles,
mais par l'exemple.*

Je ne suis pas né pour gagner,

je suis né pour être vrai.

Je ne suis pas né pour réussir,

je suis né pour vivre en faisant honneur

à la lumière qui brille en moi.

Abraham Lincoln

Après avoir observé le faucon planer en spirales sur un courant d'air ascendant, nous nous mîmes en route vers une vallée encaissée où les arbres étaient décorés de dentelles de mousse couleur émeraude. Pendant que nous descendions, je réfléchissais aux lois que j'avais apprises jusqu'à maintenant, mais je me souvenais que de peu de détails.

La sage m'adressa la parole pour répondre à ce qui me préoccupait. « Il n'est pas nécessaire que tu te souviennes de tout ce qui a été dit, pèlerin. Les mots ne sont que des sons. Par contre, certains messages détiennent le pouvoir de pénétrer le cœur et de toucher l'âme. Mais, c'est seulement en vivant les lois de l'Esprit que tu acquiers ce pouvoir. »

Elle s'arrêta et fixa le lointain, puis m'indiqua du doigt un sommet qui se trouvait derrière nous. « Tu vois le sommet de cette colline ? »

« Ne me dites pas que vous voulez qu'elle serve de cible à une autre pierre ! »

Elle sourit. « Non, rien de la sorte. Je veux seulement que tu atteignes le sommet et que tu en reviennes en trente minutes. »

Je fixai le sommet de la colline. « Trente minutes ? Mais même si je courais tout le long pour y aller et en revenir, je doute que... Je veux dire que... Je suppose que je pourrais travailler sur mes croyances... »

« Il te reste vingt-neuf minutes », dit-elle.

Je fis silence et décollai.

La course était difficile et fatigante. Rendu à mi-chemin, les poumons me brûlaient tellement que l'idée me vint de rebrousser chemin avant d'avoir atteint le sommet. Je sentais que je ne pouvais plus continuer, mais il fallait que je continue quand même. Je continuai donc et je heurtai le mur de mes limites, que je franchis.

Lorsque je revins, je m'affalai presque aux pieds de la sage. J'avais dix minutes de retard. Tout en haletant, je me demandais ce que pouvait bien signifier cette défaite. La femme interrompit ma réflexion : « Pourquoi n'as-tu pas fait demi-tour avant d'avoir atteint le sommet? Comme ça, tu serais revenu à temps. Qui aurait pu le savoir?»

«Moi!», répondis-je, en essayant de reprendre haleine. «Moi, je l'aurais su.»

Elle fut tout sourire. «Tu as déjà compris: la Loi de l'Intégrité, c'est vivre selon ta vision la plus élevée malgré les impulsions qui te pousseraient à faire le contraire, c'est la façon dont tu te comportes quand il n'y a personne qui te regarde.»

Alors que j'étais encore trempé de sueur, la sage me fit gravir une butte derrière laquelle nous trouvâmes un étang saisonnier, encore rempli des pluies hivernales. Sans la moindre trace de pudeur, elle se déshabilla tout en gardant ses sous-vêtements et entra dans l'étang. J'en fis de même. Ce n'est pas tous les jours qu'il m'arrivait de me baigner presque nu en compagnie d'une femme qui n'était pas la mienne. Elle était assez séduisante. Je me surpris à me demander si elle avait une vie amoureuse. Et je sentis un remords de conscience. Non pas que j'eus des intentions sur le plan sexuel – j'avais ma ligne de conduite à cet égard –, mais je ne pouvais me cacher que l'idée m'avait traversé l'esprit.

Elle se tourna vers moi exactement à cet instant-là et répondit à mes pensées. «Lorsqu'on rompt les codes de comportement de la société, on nage à contre-courant des valeurs contemporaines. Tu peux le faire à condition que tu ne fasses pas abnégation du désir le plus profond de ton cœur. Par contre, cela rend la vie plus difficile, plus épuisante même, et se traduit par certaines conséquences. »

« Comme lesquelles ? »

« Comme contrarier les émotions et les croyances de ceux qui prennent celles-ci très au sérieux », dit-elle.

« Alors être intègre veut dire s'en tenir aux conventions sociales ? »

« Lorsqu'on s'en tient aux conventions sociales et que l'on met volontairement de côté ce qui est considéré comme non éthique, illégal ou immoral, on fait preuve d'intelligence et non d'intégrité. »

« Alors vous recommandez le conformisme parce que c'est plus facile ? »

« Je ne te recommande pas de te conformer aveuglément aux normes ni d'y être totalement rebelle. Je te recommande simplement de garder les yeux ouverts et de porter attention à la grande sagesse de ton cœur plutôt que de céder aux impulsions et aux désirs erratiques ou de les nier. Inspire-toi de ce que Martin Luther a dit sur l'intégrité : "Aime Dieu et fais ce qui te plaît !" »

Fais ce qui te plaît, me dis-je en me demandant pendant une seconde s'il y avait un sous-entendu d'invitation dans cette phrase et ce que je ferais si c'était le cas. Mes élucubrations furent interrompues par l'intervention de la sage qui se rhabilla et me fit signe d'en faire de même. «Comme je disais, cher pèlerin, la Loi de l'Intégrité fait appel à l'expression authentique de notre réalité intérieure. Elle tient aussi compte du fait que si l'envie, la cupidité et la manipulation influencent la façon dont nous agissons et dont nous nous exprimons, les conséquences arrivent inévitablement car elles sont inscrites dans le mécanisme de l'univers. Quand on viole la loi spirituelle, l'acte lui-même devient la punition, car il met en branle des forces subtiles qui se traduisent par des conséquences auxquelles nous ne pouvons échapper, pas plus que nous ne pouvons échapper à la loi de la gravité.»

Rendus à ce point-là de l'entretien, nous étions arrivés encore plus bas dans la vallée, là où les pentes abruptes des collines et le feuillage dense des arbres assourdissaient les sons de notre passage. Complètement perdu dans mes réflexions sur les conventions, les désirs et l'intégrité, j'entrai presque en collision avec la femme qui s'était arrêtée pour me faire voir un lézard qui sortait sa tête de la fente d'un rocher. «Ce lézard n'essaie pas d'être autre chose que ce qu'il est», dit-elle. Puis elle se mit à me pointer du doigt une chose après l'autre en disant: «Ceci est un arbre. Là-bas, c'est un ruisseau...»

«Oui, je les vois», dis-je en l'interrompant.

«Mais est-ce que tu les sens?»

«Je ne comprends pas très bien ce que vous voulez dire.»

«Contrairement aux créatures du monde naturel, les humains s'entourent d'artifices sociaux et se coupent de leur propre nature véritable.»

Puis, parlant presque en chuchotant, elle ajouta: «Les chamans – les guérisseurs des peuples primitifs – connaissent bien, pour le pratiquer, l'art de changer de forme. Cet art ne consiste pas tant à se transformer en un animal, un arbre ou un cours d'eau qu'à sentir avec plus d'ampleur et de conscience ce qu'ils sont dans leur essence, pour apprendre ce qu'ils ont à nous apporter, pour nous identifier avec chacun d'eux afin de sentir leurs qualités intrinsèques et les faire nôtres. Ceci est possible car notre Moi supérieur contient toutes ces choses-là.»

«Qu'est-ce que cela a à voir avec la Loi de l'Intégrité?»

«Je pensais bien que tu me poserais la question, dit-elle en souriant. Mon ami Lao Tzu a dit un jour: "L'oie des neiges n'a pas besoin de prendre un bain pour devenir blanche; et toi, tu n'as pas besoin de faire

quoi que ce soit pour être autre chose que toi-même. "
Le monde naturel regorge de ce genre d'authenticité : le torrent fougueux, le vent en mouvement et les grillons qui chantent sont heureux d'être ce qu'ils sont. Et toi, es-tu complètement satisfait d'être ce que tu es, de n'être rien de plus, rien de moins ? »

« Que se passerait-il si je voulais être ou avoir quelque chose en plus ? » demandai-je.

« En plus ? » La sage sourit. « Comment pourrais-tu avoir quelque chose en plus ? Tu es déjà illimité, sans frontières ! Quand la mort viendra, cher pèlerin, personne aux portes du ciel ne te demandera si tu étais un saint. On te demandera plutôt si tu as été toi-même. »

« Depuis des siècles, de Platon à Shakespeare, la sagesse nous répète une seule chose : "Connais-toi toi-même et fais honneur à ta vérité propre." Être intègre veut dire être intégré, se connaître et être soi-même afin que nos actions soient authentiques et qu'elles correspondent à nos intentions les plus nobles, afin que notre corps, notre esprit, nos émotions et nos attitudes se complètent les uns les autres et forment un tout qui soit plus grand que la somme de ces éléments. »

« Il est insensé de parler d'intégrité aussi long-temps qu'on n'a pas compris ses propres motivations, valeurs et motifs les plus profonds, tant qu'on n'accepte pas qui on est et qu'on ne s'arrête pas d'espérer ou de prétendre être quelqu'un d'autre. Une personne donnera aux pauvres par amour et compassion. Une deuxième le fera parce qu'elle se sent coupable et une troisième parce qu'elle veut impressionner les autres. Les trois font preuve de charité, mais une seule fait preuve d'intégrité. Les motifs et l'intention font toute la différence, aussi bien pour celui qui donne que pour celui qui reçoit, car nous donnons beaucoup plus que des pièces de monnaie : nous dispensons le gage de notre intégrité. »

« Je commence à avoir le sentiment qu'il est beaucoup plus difficile d'être intègre que je ne le pensais. »

« Toute chose est difficile avant de devenir facile, répliqua la sage. Il faut du courage et de l'ouverture pour devenir vrai, pour pouvoir se dire à soi-même et au reste du monde : "Que cela vous plaise ou non, c'est ce que je suis", et vivre cette vérité. Mais, une fois que tu acceptes ton humanité, l'intégrité n'est plus ardue du tout. Il ne s'agit pas d'être parfait ou infaillible, car nous faisons tous des erreurs. Nous pouvons seulement faire du mieux que nous pouvons et tirer des leçons de nos erreurs, afin de ne pas les reproduire et de nous améliorer la fois d'après. Vivre selon la Loi de l'Intégrité veut dire reconnaître ses faiblesses et faire appel à ses forces intérieures. De cette façon, nous devenons des exemples pour les autres et leur montrons le chemin. »

« Peut-être est-ce ce que le mahatma Gandhi voulait dire quand il a dit : "Mon enseignement, c'est ma propre vie." »

« Oui, répondit la sage. Les enfants n'ont jamais été très doués pour obéir à leurs parents. Par contre, ils n'ont jamais failli à les imiter. »

« J'ai l'impression que vous ne parlez pas seulement d'enfants. »

« Bien sûr que non ! répliqua la femme. Nous nous influençons tous les uns les autres par ce que nous sommes et nous apprenons en imitant, que nous en soyons conscients ou pas. Les autres sont sensibles à la façon dont nous vivons, non pas à ce que nous disons. »

« Il y a longtemps, j'ai marché sur une route déserte en compagnie d'une femme dénommée *Peace Pilgrim*, continua-t-elle. Elle voyageait dans la foi, marchant jusqu'à ce qu'on lui offre un abri, jeûnant jusqu'à ce qu'on lui procure de la nourriture et nous disait : "Vivez en fonction de ce qu'il y a de plus lumineux en vous et vous recevrez encore plus de lumière." Ceci résume en une phrase ce qu'est la Loi de l'Intégrité, cher pèlerin, et c'est ce que tu es appelé à mettre en pratique. »

LA LOI DE L'ACTION

ENTRER DANS LA DANSE DE LA VIE

Peu importe ce que nous ressentons ou savons,
peu importe nos dons ou talents cachés :
seule l'action les amènera à se manifester.
Nous sommes nombreux
à comprendre intellectuellement des concepts
comme l'engagement, le courage et l'amour,
mais nous ne les connaissons véritablement
que lorsque nous les actualisons.
L'action nous amène à la compréhension
et transforme la connaissance en sagesse.

*On ne peut traverser la mer
en se contentant de fixer l'eau.*

Rabindranath Tagore

Nous émergeâmes de la vallée et gravîmes une courte déclivité assez raide pour nous retrouver sur une hauteur qui se situait juste au-dessus de la cabane de la sage. Mon estomac grognait. À part une poignée de baies, je n'avais rien mangé depuis deux jours. C'est exactement à ce moment-là que la sage annonça : « Il est temps que nous mangions. »

« C'est drôle, dis-je, je pensais justement à la même chose. »

« Je sais, dit-elle, j'entendais ton estomac gargouiller. » Le sourire aux lèvres, elle me conduisit vers un jardin potager qu'elle avait cultivé elle-même. Un petit ruisseau le traversait, dont elle s'était servie pour irriguer les rangs de fines herbes, de fruits et de légumes aux couleurs vives qui y poussaient. « Ramasse ce qui te fait envie. »

Nous apprêtâmes des courges et des pommes de terre, assaisonnées de persil et d'autres herbes aromatiques qui m'étaient inconnues, le tout accompagné d'une salade fraîche. Alors que nous nous mettions à table, la sage commença à me parler de la Loi de l'Action. «Les bonnes intentions seules ne mettront jamais rien dans ton assiette», dit-elle pour entamer le sujet. «Avant de pouvoir récolter ces légumes et préparer ce repas, j'ai dû défricher le terrain, tourner la terre et ensemencer. Il faut plus que des rêves et des bonnes intentions pour vivre dans ce monde : il faut de l'action. »

Tout en mangeant, elle me relata un incident qui, je supposais, était survenu dans une vie antérieure. «Je n'ai pas toujours bien su faire la distinction entre les idées et l'action, me dit la sage. Alors que j'étais un jeune étudiant en Inde, la vie me donna une précieuse leçon. À cette époque, j'étais issu d'une famille privilégiée et je passais la plus grande partie de mon temps à lire. Un jour, pendant un voyage qui m'amena à prendre un traversier vétuste pour franchir une large rivière, je décrivis à l'homme qui ramait la façon dont j'avais accumulé toutes mes connaissances. Le batelier m'écouta attentivement puis, après un certain temps, il me demanda si je savais nager. "Non, je ne sais pas nager", lui dis-je. "Alors j'ai bien peur que toutes ces connaissances ne te servent à rien, dit le batelier. Notre barque est en train de couler."»

Nous nous mîmes à rire de concert sur la pertinence de l'argument.

« Mais que s'est-il passé ensuite ? » lui demandai-je.

« Oh, je me suis noyé, répondit-elle. C'est une leçon que je n'oublierai jamais. Ce monde est en fait le royaume de l'énergie et de l'action. Peu importe ce que tu sais ou qui tu es, peu importe tes talents ou le nombre de livres que tu as lus, seule l'action te permet d'actualiser ton potentiel. Les philosophies sont impressionnantes et les idées abondent, mais les paroles, si élégantes soient-elles, ne valent pas grand-chose. Il est facile de parler d'engagement, de courage et d'amour, mais c'est seulement en passant à l'action que l'on comprend et avec la pratique que vient la sagesse. »

Je la suivis alors qu'elle se rendit jusqu'à l'extrémité du jardin potager : elle gravit quelques rochers et embrassa du regard la vaste forêt qui s'étendait sous nous.

« Beaucoup de gens apprécieraient un si beau panorama, dit la sage. Il se peut qu'ils aspirent à faire cette ascension et qu'ils désirent sentir la satisfaction que l'on ressent à se tenir ici. Mais ils n'y sont jamais arrivés ou n'ont jamais pu jouir du panorama comme nous le faisons, non pas parce que nous sommes plus intelligents, plus forts ou plus méritants, mais parce que nous avons entrepris l'ascension. Seuls ceux qui entreprennent l'ascension finissent par jouir du sommet. »

Un peu plus tard, alors que nous revenions finir notre repas, la sage fit une observation. « Il n'a jamais été facile de passer à l'action dans ce monde car les forces du doute et de l'inertie sont omniprésentes, même dans notre esprit et dans notre corps. Pour passer d'une idée à l'action, il faut de l'énergie, du sacrifice, du courage et du cœur, car agir, c'est risquer. Il nous faut surmonter toutes les bonnes raisons que nous nous donnons pour différer la chose, pour laisser quelqu'un d'autre le faire à notre place, pour rester bien confortablement installé dans le fauteuil de la facilité et des bonnes intentions. Mais la Loi de l'Action revient inlassablement nous répéter le même message : "Il vaut mieux faire pour le mieux que de ne rien faire et se donner une bonne excuse." »

« Il me semble que juste le fait de se tirer du lit le matin demande du courage ; on pourrait dire que tout le monde met la Loi de l'Action en application. »

« Tous les êtres vivants agissent, mais la plupart des gens réagissent, et encore faut-il que la peur ou la souffrance les y contraignent, que les relations tournent à la guerre ou que les corps subissent les sévices d'un excès de stress. La Loi de l'Action nous enseigne à surmonter aussi bien l'inertie que l'impatience en nous poussant à agir avec courage, détermination et engagement. »

« Et comment surmonte-t-on l'inertie ? »

« En reconnaissant trois réalités fondamentales, répliqua-t-elle. Tout d'abord en acceptant que nous sommes humains et que nous existons physiquement dans ce monde. Puis, en nous rendant compte que personne ne peut vivre à notre place et que nous devenons plus forts uniquement grâce à nos propres efforts. Ensuite, en acceptant que le fait de passer à l'action n'aille pas sans peine. Et enfin, il faut passer à l'action ! »

« Actuellement, nous ne pouvons plus nous offrir le luxe d'attendre de nous sentir en sûreté et protégés, ni d'attendre que la peur et le doute nous donnent un peu de répit pour que l'inspiration ou la motivation nous animent. Nous ne pouvons plus attendre que quelqu'un nous donne la permission d'agir. Je sens un besoin urgent d'agir en cette période-ci. C'est pour cette raison que je suis réapparue à cette époque et dans ce lieu, c'est pour cette raison que je m'adresse à toi en ce moment. Le temps est venu d'agir en fonction de nos idéaux les plus élevés, malgré les peurs, les doutes et les incertitudes qui nous assaillent. Il ne nous reste qu'à faire preuve de courage face à la peur. Et tous les jours, nous devons faire appel à notre courage, car tous les jours nous faisons face à la peur. Loin d'être dramatiques comme la peur qui nous étreint quand nous interceptons un pilleur de banque ou quand nous sauvons une personne de la noyade, ces peurs sont liées à l'expression de nos émotions, à l'abandon de nos vieilles habitudes ou au risque d'être différent. »

Nous nous levâmes et entreprîmes de rassembler les maigres restes du repas. « J'aime bien faire offrande des restes aux animaux, mais pas trop près de la cabane. » En passant par un bosquet, elle me conduisit vers le bord d'une pente si abrupte qu'on aurait presque dit une falaise. Debout au bord du précipice, elle se mit à jeter les restes aux cerfs qui paissaient tout en bas. Soudain, la partie de la colline sur laquelle elle se tenait, ameublie par les fortes pluies, céda sous elle. Sous mes yeux éberlués, elle disparut. Je me précipitai en avant et l'aperçus qui déboulait la côte. Je me vis franchir d'un bond le bord du précipice et glisser derrière elle en essayant de maintenir tant bien que mal mon équilibre. Nous étions maintenant deux à dégringoler jusqu'en bas du ravin.

Elle devait être consciente car je la voyais qui essayait de s'agripper aux racines pour ralentir sa chute. Tout s'était passé comme dans un film au ralenti, chaque image faisant ressortir nettement tous les détails. Je savais que je recevais des coups et que je me faisais écorcher, mais je ne sentais rien.

Je voulais lui prêter main forte si je le pouvais, mais il fallait en premier lieu que je me tire d'embarras. Je commençai à agripper les racines et les herbes. La chance était de mon côté, car alors que je la dépassais

en tombant, nos mains se rencontrèrent et se joigni-
rent. C'est probablement à ce moment-là qu'une pierre
qui dégringolait ricocha sur ma tête, car je ne me souvins de rien d'autre.

Quand je revins à moi, j'étais étendu près d'un
étang et j'avais la tête couverte de sang. J'ouvris les
yeux et vis la sage, le visage sale, mais souriante, qui
m'essuyait la tête avec une étoffe humide. « Tu ne sai-
gnes plus, dit-elle. On dirait que tu es sauvé. »

« Vous aussi », dis-je en réussissant à lui rendre son
sourire.

Plus tard, alors que le froid du soir nous faisait
nous blottir près du feu dans sa cabane, je me mis à
réfléchir à ce qui s'était produit et la peur survint
enfin : « Nous aurions pu nous tuer ! Ou du moins,
j'aurais pu me tuer. Je ne sais pas ce qui en est pour
vous. »

« Tu aurais été un peu plus avisé et plus en sécurité
si tu étais resté là où tu étais, me répondit-elle. Mais tu
as fait preuve de courage en venant à ma rescousse. »

« Ce n'était pas du courage. Je n'ai même pas pensé
à ce que je faisais. Je vous ai vue tomber et j'ai sauté. »

« C'était tout de même une parfaite démonstration
de la Loi de l'Action. »

« Si vous avez besoin d'autres démonstrations dans
le futur, je préférerais lancer des pierres sur les arbres. »

Elle sourit. «Ce genre de chose arrive parfois dans la vie.»

«En ce qui vous concerne, j'ai bien l'impression que cette année est pour vous celle des dégringolades en bas des collines», dis-je en faisant référence à la chute dont elle m'avait parlé un peu plus tôt.

«Penses-tu que ce soit le signe que je doive aller vivre plus près du niveau de la mer?» demanda-t-elle. Puis, plus sérieusement, elle ajouta: «Les choses auraient pu se passer autrement. Tu aurais pu te tuer. L'impulsion qui t'a poussé à m'aider était aussi bien inspirée qu'étourdie.»

«Comment ça?»

«Tu as pris pour acquis que je ne pouvais m'en sortir toute seule.»

«Vous sembliez bien pourtant avoir besoin d'un petit coup de main.»

«C'était le cas. Cependant, n'oublie pas que toute loi comprend également son opposé, ne serait-ce qu'à l'état latent. Même si la compassion exige parfois l'action, la Loi de l'Action nous apprend aussi qu'il est sage de rester tranquille et immobile, que l'action se trouve dans l'inaction.»

«Comme la méditation», dis-je.

«Oui, c'est ça. Il y a un temps pour l'action et un temps pour l'inaction. En restant immobile malgré les désirs et les impulsions qui te poussent à agir, tu peux parfois faire preuve d'un courage, d'une patience et d'une sagesse infinis. »

« Comment peut-on savoir quand agir ou ne pas agir ? »

« Ceux qui ont tendance à être inertes ou à avoir peur auraient avantage à centrer leur attention sur la volonté d'agir avec courage et détermination. Ceux qui par contre parlent ou agissent trop impulsivement seraient bien avisés de s'arrêter, de prendre quelques bonnes respirations et d'observer leurs impulsions sans se sentir obligés de passer à l'acte. Dans tous les cas, écoute la sagesse de ton cœur : tu sauras quand rester immobile et quand passer à l'action. »

Après cet échange, nous restâmes assis dans la quiétude du soir, regardant les flammes du feu dont la chaleur vint dissiper peu à peu les douleurs de notre récente mésaventure. Alors que la nuit tombait, la lassitude m'amena près du sommeil. Je m'allongeai sur le côté et fixai les flammes tout en écoutant la voix de la sage. « Le feu transforme la matière en énergie : il nous rappelle ainsi que tout passe et que tout change. Au bout du compte, nous nous consumons tous dans les feux sans flammes de la vie. Alors, pèlerin, agis avec courage pendant qu'il est encore temps, pendant que tu as encore un corps. » Puis, ce fut le silence.

LA LOI DES CYCLES

DANSER AU RYTHME DE LA NATURE

*Le monde de la nature évolue
selon des rythmes, des schémas et des cycles,
comme la succession des saisons,
le mouvement des étoiles et
le flux et le reflux des marées.
Les saisons ne se bousculent pas pour se succéder
et les nuages ne font pas la course
avec le vent dans le ciel :
chaque chose arrive à point nommé.
Tout croît, décroît et croît encore,
comme le mouvement ascendant
et descendant des vagues,
dans le cycle infini du temps.*

Chaque hiver abrite en son cœur
un printemps qui frissonne
et derrière le voile de chaque nuit
se profile une aube souriante.

Khalil Gibran

Cette nuit-là, dans la cabane, je fis un rêve très intense. Du moins, je pense que c'était un rêve. Je fus tiré du sommeil par la voix de la sage. Il faisait déjà clair dehors, bien que j'eusse l'impression de m'être à peine endormi. Je ne sentais aucune douleur suite à ma chute de la veille. En réalité, je sentais à peine mon corps. «Viens», me dit la sage. Je ne me souviens pas avoir noté le mouvement de ses lèvres. Puis, je me retrouvai debout dans l'encadrement de la porte, à contempler une belle journée d'été. L'herbe californienne avait jauni et l'air était sec et poussiéreux.

«Ferme tes yeux», me dit-elle. Je me souviens avoir ressenti pendant quelques instants un espace d'obscurité totale et de silence intégral. Puis, mes yeux s'ouvrirent pour découvrir une journée nuageuse d'automne. Il avait dû pleuvoir un peu plus tôt car la poussière était retombée et l'herbe jaunie avait reverdi en certains endroits. Une bourrasque de vent frais balaya mon visage et me fit fermer les yeux.

Quand je les rouvris, je sentis le froid sec de l'hiver. Les arbres à feuilles caduques étaient dénudés et des restes de gelée parsemaient les tapis de feuilles. Je sortis et, en posant le pied sur le sol, sentis la terre froide et dure, et entendis le tonnerre gronder au loin.

En un éclair, l'air retrouva une odeur printanière et j'entendis la voix de la sage. « Le monde de la nature exécute sa ronde au rythme des changements : les saisons qui se succèdent, les bouleversements des cieux et le jour qui cède sa place à la nuit. Chaque chose arrive à point nommé, tout change et grandit, apparaît et disparaît, croît et décroît. C'est un perpétuel flux et reflux. Tout ce qui croît, décroîtra un jour et tout ce qui décroît, croîtra à nouveau. Ceci est la Loi des Cycles. »

Puis le matin arriva. Je me réveillai reposé mais le corps certainement endolori. Après m'être aspergé le visage d'eau froide et avoir mangé quelques baies, je fus convié à marcher jusqu'à un endroit spécial situé un peu plus haut dans les collines. Pendant que nous marchions, je lui racontai mon rêve.

« Les saisons en ont beaucoup à t'apprendre et ton rêve est le signe que tu es prêt à comprendre. »

« À comprendre quoi ? »

« À comprendre que le vent du changement peut souffler sous la forme d'un ouragan furieux qui réduit ta vie en miettes ou sous celle d'une douce brise qui vient te caresser la joue, que le changement est l'unique permanence et qu'il advient selon ses propres modalités et au moment propice. »

« Je me suis toujours senti un peu ambigu face au changement. Parfois, lorsque je trouve la vie monotone, je souhaite le changement. Mais quand les choses vont bien, je trouve les changements difficiles... difficiles à supporter. »

« Ce n'est pas le changement lui-même qui est difficile, répliqua la sage. Il se produit aussi naturellement qu'un lever de soleil. C'est nous qui cherchons à établir des routines bien connues pour avoir une sensation de contrôle et d'ordre. C'est pour cette raison que le changement peut nous donner l'impression d'être un bienfait ou une malédiction, selon ce que nous désirons. Une pluie qui sera très bien accueillie par les fleurs viendra affliger des pique-niqueurs qui ne souhaitent rien d'autre qu'une belle journée ensoleillée. »

« La Loi des Cycles nous rappelle que nous devons changer comme le font les saisons, afin que nos vieilles habitudes ne mènent pas nos vies, que notre passé ne devienne pas notre futur et que la force d'entraînement du changement nous amène à connaître une conscience, une sagesse et une paix plus grandes. »

Se retournant vers son jardin luxuriant, elle ajouta : « Quand on jardine saison après saison, le monde de la nature nous enseigne d'autres leçons. On apprend que les semences ne reproduisent que leur espèce propre, que l'on ne récolte que ce que l'on sème, que l'on doit mettre de côté certaines semences pour la saison suivante, qu'il faut terminer un cycle avant d'en entamer un autre et que chaque semence pousse, se transforme et meurt en fonction de son rythme particulier, pour se retrouver sous la terre retournée qui accueillera de nouvelles plantations. Il en va de nos vies comme des semences et des cycles. »

« Apprécie chaque saison de ta vie, pèlerin. Apprête patiemment le sol, sème les graines, accomplis le travail nécessaire et tu récolteras les abondants fruits de ton labeur. Accepte la chance comme la malchance, de la même façon que tu acceptes les saisons qui alternent. Apprécie la beauté du verglas d'une journée hivernale et la chaleur suffocante des journées d'été, car très rapidement, chaque saison, chaque jour, chaque moment devient du passé et ne se reproduira pas deux fois de la même façon. Alors, plutôt que de languir après l'été quand on est en plein hiver ou de souhaiter qu'une brise fraîche souffle lorsque la canicule estivale t'accable, sache accueillir chaque saison pour ce qu'elle a à offrir. Mets-toi en harmonie avec les cycles du temps et la transformation, et laisse-toi porter par le changement comme un bateau se laisserait porter par les vagues. »

« Puisque vous dites que les cycles du changement se produisent, que cela me plaise ou non, il vaut mieux que je les accepte d'emblée. »

« Oui et plus que ça, répliqua-t-elle. La Loi des Cycles nous permet de comprendre comment coopérer totalement à notre propre évolution, de passer maître dans l'art de détecter la synchronicité des choses et d'accéder à ce qu'il y a de mieux pour nous. »

« Comment ça ? »

« Il y a un moment propice et un moment inopportun pour chaque chose, répondit-elle. Les portes s'ouvrent et se ferment ; l'énergie monte et descend. Une pensée ou une action qui prend naissance au moment où l'énergie monte et accélère son mouvement d'entraînement fera son chemin facilement pour arriver jusqu'à son aboutissement. Par contre, une pensée ou une action qui a vu le jour dans un mouvement cyclique descendant aura un impact moindre. C'est ici que la Loi des Cycles vient se fondre à la Loi de l'Action pour nous apprendre que la patience constitue l'essentiel et le meilleur de la sagesse, sagesse de savoir quand agir ou quand rester inactif, quand parler ou quand se taire, quand travailler ou quand se reposer, quand se laisser porter par l'énergie d'un cycle ascendant ou quand se retirer en soi et attendre que la prochaine vague arrive. »

Nous laissâmes le sentier pour nous diriger vers un endroit dense d'arbres et de broussailles. La sage s'arrêta pendant un moment pour me raconter une histoire. « Dans l'Antiquité, le roi Salomon vivait un grand tourment intérieur et implorait le ciel pour que les choses redeviennent plus simples et plus paisibles. Il ordonna qu'un maître joaillier lui confectionne une bague magique qui porterait une inscription devant être vraie et juste en toutes circonstances et sous toutes conditions. Cette inscription aurait comme fonction de soulager la souffrance du porteur de la bague et de lui conférer sagesse et vision infinies. Le maître joaillier fabriqua une bague spéciale, mais il lui fallut plusieurs jours de recueillement avant que l'inspiration vienne lui souffler les mots magiques. Le joaillier finit par apporter la bague à Salomon qui y lut l'inscription suivante : "Ceci aussi finira par passer." »

Le paysage changea brusquement lorsque nous sortîmes du fourré d'arbres : nous débouchâmes sur une clairière ensoleillée. Je vis un oranger ployant sous le poids de ses fruits dont je sentais le parfum de l'endroit où je me tenais, plusieurs pommiers en fleur et deux autres arbres que je ne sus pas reconnaître.

« Ce sont des noyers », dit la femme en réponse à ma question non formulée, avec son à-propos parfait habituel. Puis, après avoir respectueusement salué un d'entre eux en se courbant, elle détacha un petit fruit vert d'une des branches et me le tendit. « Ouvre cette noix », me dit-elle.

« Je pense qu'elle n'est pas encore bonne à manger. »

« Ouvre-la », répéta-t-elle. J'essayai tout d'abord de l'ouvrir avec mes doigts, puis en la mettant entre deux pierres et en frappant dessus. Finalement, je trouvai une pierre bien tranchante et essayai de pourfendre la noix, mais sans résultat. La sage me tapota sur l'épaule. Je me retournai et vis dans sa main une poignée de noix dont la coquille brune laissait deviner qu'elles étaient bien mûres. « De la récolte de l'an passé, dit-elle. Je les avais cachées pas loin d'ici. »

Elle ramassa une petite pierre et frappa légèrement sur la coquille d'une des noix : celle-ci éclata. Elle répéta le même geste avec plusieurs noix, ce qui

nous permit d'apprécier une collation bien nourris-
sante. Pendant que nous grignotions, elle m'expliqua
quelque chose : « Je suis ici pour te faire part de vérités simples qui permettront aux choses de mieux marcher dans ta vie. Mais je ne peux pas te promettre
l'illumination : cela arrivera au moment propice. Tu
vois, nous, les humains, nous sommes comme la
coquille d'une noix. Si tu essaies d'ouvrir la coquille à
tout prix au mauvais moment, cela sera pratiquement
impossible. Mais, lorsque la noix est mûre, il suffit de
donner un petit coup au bon endroit et elle s'ouvre
sans problème. Ta vie de tous les jours est ton processus de maturation à toi. Et un jour, arrivera quelqu'un
ou quelque chose qui te donnera la petite tape nécessaire pour que la coquille s'ouvre. »

Nous nous assîmes à l'ombre des pommiers et
continuâmes à manger des noix et des oranges pendant que le soleil s'élevait au-dessus des arbres. Je
m'appuyai contre le tronc du pommier et me mis à
écouter le gazouillement d'un petit ruisseau coulant à
proximité, éprouvant un profond sentiment de conni-
vence filiale avec le monde de la nature. Les rayons du
soleil, qui me réchauffaient les os, m'amenèrent peu à
peu dans un état de calme profond. Je m'étendis pour
regarder le ciel à travers le feuillage luisant et observer
le passage des nuages. Comme si elle était branchée
sur la même longueur d'onde, la sage me dit : « Tu vois

comment les nuages se déplacent facilement et en
douceur avec le vent, sans se hâter ni freiner leur course?» C'est une idée à laquelle j'avais déjà pensé.
Cependant, sa voix délicate qui exprimait mes pensées les plus secrètes me toucha au plus profond de
moi et permit aux nuages et au vent de pénétrer au
cœur de ma conscience. À cet instant-là, la nature était
devenue mon professeur.

La sage compléta son enseignement sur la Loi des
Cycles en me racontant une anecdote: «Il y a de nombreuses années, alors que je voyageais en Pologne, je
rendis visite à un rabbin connu pour sa très grande
sagesse et qui vivait dans une humble demeure. L'unique pièce dans laquelle il habitait était remplie de
livres. À part les livres, il ne possédait rien d'autre
qu'une table et un banc.

"Rabbin, où sont vos meubles?" lui demandai-je.

"Et où sont les tiens?" me rétorqua-t-il.

"Les miens? Mais je ne fais que passer", répondis-je interdit.

"Moi aussi", dit le rabbin, "moi aussi."»

LA LOI DU LÂCHER-PRISE

ACCUEILLIR LA VOLONTÉ SUPÉRIEURE

Lâcher prise,
c'est accepter cet instant,
ce corps et cette vie
à bras ouverts.
Lâcher prise,
c'est ne pas entraver son propre chemin
et vivre en accord avec une volonté supérieure
qui s'exprime par la sagesse du cœur.
Beaucoup plus qu'une acceptation passive,
le lâcher-prise utilise le moindre défi
comme outil de croissance spirituelle
et de développement de la conscience.

Certains pensent que, en s'accrochant,

on devient fort.

Quelquefois, c'est en lâchant prise.

Sylvia Robinson

Le matin céda la place à l'après-midi. Une bourrasque soudaine secoua légèrement les branches au-dessus de nos têtes. Une feuille se détacha, descendit en tourbillonnant et finit par tomber dans le cours d'eau qui coulait à proximité. En indiquant d'un geste l'eau impétueuse, la sage me demanda : « As-tu remarqué, pèlerin, comment l'eau qui court est douce mais pourtant puissante ? Vigoureuse et flexible, elle s'abandonne sans résistance aucune à la gravité et adopte la forme de n'importe quel contenant. L'eau nous révèle l'attitude la plus intelligente et la plus puissante que l'on puisse adopter dans n'importe quelle circonstance. »

« Laquelle ? »

« Le lâcher-prise », dit-elle.

« Je ne comprends pas, dis-je. On m'a appris à me battre pour ce en quoi je crois, à ne jamais lâcher prise. »

« Même si la Loi du Lâcher-prise veut dire que tu acceptes quoi que ce soit qui arrive dans ta vie, cela ne veut pas dire que tu dois tolérer passivement ce que tu n'aimes pas, ni ignorer l'injustice, ni encore souffrir d'être contrôlé ou de devenir une victime. Le véritable lâcher-prise est actif, positif, affirmatif. C'est un engagement créatif qui t'amène à faire bon usage de toute situation dans une attitude d'appréciation, d'abandon. »

« Je ne peux pas dire que j'apprécie la grippe, un pneu à plat ni tout autre problème du genre », répliquai-je.

« Cette loi ne veut pas dire que tu doives apprécier quoi que ce soit ou que tu nies tes émotions. Cette loi t'amène plutôt à transformer tes émotions. Elle t'apprend à lâcher prise en changeant de perspective. » La sage marcha un peu de long en large pendant quelques instants comme si elle cherchait les mots justes. « Considère les choses de la façon suivante. Si tu faisais de l'entraînement athlétique, il est fort possible que ton entraîneur te fasse des éloges au sujet de ton rendement un jour et que, le lendemain, il exige de toi que tu t'entraînes jusqu'à épuisement. Tu pourrais donc accepter tout cela comme faisant partie de ton entraînement, et même en venir à l'apprécier. Il en va de même pour la vie de tous les jours. L'entraîneur, c'est l'Esprit, cher pèlerin, et l'entraînement, c'est la vie. Et alors, que se passerait-il si tu pouvais effectivement considérer une crevaison ou la grippe comme des éléments essentiels à ton apprentissage et à ta croissance ? »

« Eh bien, je pense que je ferais aussi bien de considérer les choses sous cet angle. Mais je ne me suis jamais vu rendre les armes devant un pneu crevé », dis-je en plaisantant.

La sage sourit et continua à expliquer. « Cette loi, dans son sens le plus fondamental, t'amène à t'abandonner à l'instant présent, à accepter tout ce qui arrive, y compris tes réactions face à tout ce qui arrive. Cela signifie que non seulement tu acceptes les hauts et les bas de la vie, mais que tu acceptes également qui tu es, que tu acceptes ton corps, tes pensées et tes émotions. »

« Êtes-vous en train de me dire que, une fois que j'apprends à m'accepter et à m'abandonner face à tout ce qui peut advenir, la vie devient plus facile ? »

« La vie continuera bien sûr à te servir des défis et des épreuves, dit-elle, mais à mesure que tu relaxeras dans la vie, même les difficultés auront leur côté agréable, comme c'est le cas quand on joue à un jeu difficile ou qu'on résout un casse-tête. »

« Je n'arrive pas à m'enlever de l'esprit que tout cela est plus facile à dire qu'à faire. »

« Mais tout est plus facile à dire qu'à faire ! rétorqua-t-elle. Tu dois commencer par de petites choses. Par exemple, lorsque tu es un tant soit peu en désaccord avec quelqu'un, sache reconnaître le point de vue de l'autre et observe ensuite ce qui se passe. Mets de côté les petites déceptions. Suis les conseils d'Épictète qui recommandait à ses étudiants d'apprendre "à souhaiter que chaque chose se produise exactement de la façon dont elle se produit". »

« De toutes les lois que vous m'avez enseignées, celle-ci me semble la plus ardue, dis-je. J'ai l'impression de devoir renoncer à une partie de moi-même, à mes désirs, à mes valeurs et à mes préférences. »

Le visage de la sage rayonna de sa propre lumière pendant qu'elle répondait à ma préoccupation. « La Loi du Lâcher-prise respecte le caractère sacré de chaque âme car chaque âme a reçu une étincelle divine d'individualité. Point n'est besoin de renoncer à cela, pèlerin. Il te suffit simplement de ne pas entraver ton propre chemin. Abandonner la volonté de l'ego pour se rendre à la volonté divine est chose hors du commun, car on préfère en général faire ce dont on a envie.

Cela est compréhensible. Mais la vie ne nous donne pas toujours ce dont nous avons envie. C'est pour cette raison que nos désirs se traduisent par de l'attachement, de l'anxiété et de la frustration. Si tu suis la volonté de ton ego, tu éprouveras peut-être une satisfaction temporaire mais certainement pas un bonheur durable. Lorsque tu auras compris que la vie ce n'est pas seulement avoir ce que tu veux mais aussi apprendre à vouloir ce que tu as, ta vie viendra alors se fondre à la Loi du Lâcher-prise. »

« De quelle façon puis-je appliquer cette loi ? » demandai-je.

« Tout d'abord en te demandant, dans quelque situation que ce soit, ce qui peut arriver de mieux pour tous ceux qui sont concernés. Cela peut vouloir dire implorer le ciel pour qu'il pleuve dans ta région frappée par la sécheresse alors que ton propre toit prend l'eau. La formulation de souhait sincère "Que votre volonté soit faite !" exprime bien ce qu'est le lâcher-prise dans son essence. »

« Ça ne sera pas facile pour moi ! »

« Ça n'est facile pour personne ! dit-elle en souriant. Mais aller au-delà de ses limites fait partie de la vie. Cela commence quand on reporte son énergie et son attention des désirs de l'ego à la sagesse de la volonté supérieure. »

«Parlez-vous ici de la volonté de Dieu?»

«Lorsque tu adresses la prière "Que votre volonté soit faite", cela ne veut pas dire que tu crois en un dieu extérieur à toi, mais seulement que tu laisses ton cœur parler et que tu te demandes: "Si un dieu plein de compassion, d'amour et de sagesse me guidait à l'instant présent, que ferais-je dans cette situation-ci?" Sens ensuite ce que dit ton cœur et écoute ton Moi supérieur. Tu sauras alors quelle action entreprendre et tu trouveras courage et amour pour l'accomplir, car l'esprit s'exprime à travers toi, que tu en sois conscient ou pas.»

«Je ne suis pas certain de savoir par où commencer», avouai-je.

«Ouvre-toi simplement à la vie et prends les choses là où tu en es. Avec la pratique, le lâcher-prise s'approfondit et s'amplifie, et tu en viendras à accueillir une journée pluvieuse et grise de la même façon qu'une belle journée ensoleillée. N'oublie pas de relaxer! N'oublie pas que la relaxation est le moyen qu'a le corps de s'abandonner dans l'instant présent, le moyen de laisser aller les idées fixes quant à ce qui devrait arriver. Tu pourras ainsi vivre spontanément et innocemment chaque instant nouveau, sans jugement ni idée préconçue.»

À ce moment-là, nous levâmes les yeux et vîmes le chat qui m'avait enseigné la Loi de la Présence. Il était assis bien droit sur un rocher tout près. «Sa Majesté tient salon», dis-je.

La sage, bien entendu, saisit cette nouvelle occasion pour en faire l'objet d'une autre leçon. «As-tu remarqué, pèlerin, jusqu'à quel point les chats persistent à vouloir aller là où ils ont décidé d'aller?»

«Oui, je l'ai remarqué», dis-je en levant les yeux pour contempler le chat.

«Mais si quelqu'un leur barre la route, ajouta-t-elle, ils s'assoient sur leur séant, relaxent, laissent aller les choses et en profitent pour se lécher les pattes. Peu de gens maîtrisent l'art du lâcher-prise comme les chats et les maîtres en arts martiaux.»

«Qu'est-ce que le lâcher-prise a à voir avec les arts martiaux?»

«Les plus grands arts martiaux, à l'instar de l'eau, sont fluides, flexibles et épousent le mouvement plutôt que d'être rigides ou réactifs face à un mouvement d'attaque. Les arts martiaux nous enseignent à tirer lorsqu'on nous pousse et à pousser lorsqu'on nous tire, c'est-à-dire à aller dans le sens des forces de la vie plutôt qu'à gaspiller l'énergie en allant contre.»

Elle fit silence pendant quelques instants pour laisser son regard errer sur les collines, puis se tourna vers moi. « Il y a bien longtemps, à l'époque où le Japon était une société féodale, j'étais un jeune samouraï qui cherchait à maîtriser l'art du sabre. Je m'entraînais de nombreuses heures chaque jour, pratiquant les coups d'attaque et de parade ainsi que les esquives. J'avais trouvé un maître qui avait consenti à m'enseigner cet art. Il ne me disait cependant jamais rien au sujet de la technique, insistant sur le fait que c'était secondaire. Par contre, il mettait l'accent sur l'importance du renoncement face à n'importe quel type d'attache concernant le combat : victoire, sécurité ou résultats souhaités. Seul le guerrier qui était capable de s'oublier totalement, désirs, peurs et attaches compris, savait rester totalement détendu et centré. Dans un duel, s'abandonner à la mort voulait dire survivre et s'accrocher à la vie, mourir. Comprends-tu ? Cette loi a un caractère pratique d'importance capitale. Plus tu laisses aller tes attaches, plus ta liberté prend de l'expansion. »

Allant au devant de la question que j'allais poser, la sage ajouta : « Laisser aller les attaches ne veut pas dire que l'on se débarrasse de sa maison et de ses biens matériels. Il s'agit d'un acte intérieur, d'une disposition à accueillir tout ce qui peut arriver. »

« À quel moment, exactement, cette loi s'applique-t-elle dans la vie de tous les jours ? »

La sage se mit à rire. «À quel moment ne s'applique-t-elle pas plutôt! Choisis n'importe laquelle des circonstances que tu pourrais normalement rejeter, éviter ou à laquelle tu résisterais. Puis, abandonne-toi complètement à elle, fais-la tienne et tires-en ce qu'il y a de meilleur. Être réceptif et reconnaître tes impulsions les plus fortes t'aidera à faire ta part pour amener un changement positif dans le monde. Mais, comme le chat, ne gaspille pas ton énergie à résister aux circonstances qui sont hors de ton contrôle ou à te laisser tourmenter par elles. »

Nous fîmes une pause pour admirer les collines ondoyantes derrière nous. La sage s'assit sur la pente recouverte d'herbe et j'en fis de même. Puis, doucement, presque avec une attitude de révérence, elle poursuivit son explication: «Je reconnais qu'il est difficile d'accepter dans l'abandon total la vie telle qu'elle est, d'accepter la cupidité, la souffrance et l'injustice. Avec le temps, cependant, tu en viendras à considérer toute chose et toute personne comme une facette de l'Esprit, acceptant avec foi le fait que, malgré nos difficultés, tout dans l'univers se déroule comme il se doit. Le lâcher-prise est un acte d'humilité, l'acceptation que la vie est un mystère dont la profondeur est insondable pour l'esprit humain. Comme Isaac Bashevis Singer l'a écrit: "La vie est le roman de Dieu. Laissons donc Dieu l'écrire."»

« Je peux te promettre une chose, pèlerin, dit-elle en conclusion, c'est que la Loi du Lâcher-prise nous conduit vers un état naturel de grâce, fait fleurir notre foi et nous amène à réaliser que nous ne formons qu'un avec tous les autres êtres. Cette prise de conscience est si profonde qu'elle accélère notre évolution et que, alors que nous cheminons sur le sentier du potentiel humain, elle nous catapulte dans une réalité spirituelle qui existait bien avant le monde de la matière. »

LA LOI DE L'UNITÉ

NE PAS OUBLIER LE LIEN
QUI NOUS UNIT À TOUS ET À TOUT

Nous faisons notre apparition sur Terre comme
des êtres distincts ayant des destinées diverses.
Mais, comme les gouttes de pluie qui chacune
et toutes font partie de la mer,
nous faisons chacun et tous partie
de l'océan de la conscience, du corps divin.
Trouvons amour et paix intérieure
dans la plus profonde des grandes vérités
que nous ne formons qu'une seule et même famille.
Laissons derrière nous nos bagages
de peur, d'envie et de ressentiment.
Volons haut dans le ciel sur les ailes
de la compréhension
pour pénétrer dans le territoire infini
de la compassion.

Ah, ne pas être isolé !
Ne pas être exclus, par le moindre cloisonnement,
de la loi des étoiles !
La vie intérieure, qu'est-ce ?
si ce n'est le ciel dense
où se précipitent des oiseaux
et où les rafales du vent
nous ramènent chez nous.

Rainer Maria Rilke

Des nuages arrivèrent de la côte, amenant avec eux une courte averse et un arc-en-ciel qui se profila vers le nord-est. Pendant que nous faisions une pause sur un promontoire panoramique, la sage commença à me parler de la dernière loi dont elle allait me faire part avant que nous nous séparions.

« La Loi de l'Unité, commença-t-elle, présente un défi particulier aussi bien pour toi que pour moi, car de par sa nature transcendante, elle n'est totalement intelligible que par le biais d'un état supérieur de conscience. Il se peut donc que, tout d'abord, je n'arrive à atteindre que ton mental. Mais mes paroles sont comme des semences qui, une fois qu'elles auront touché ton cœur et germé, feront que cette loi transformera ta vie à tout jamais. La Loi de l'Unité nous pousse à faire une grande découverte, celle que nous ne sommes pas aussi séparés les uns des autres que nous semblons l'être, que nous ne formons qu'un seul être, une seule conscience. »

« Je ne voudrais pas vous offenser mais, et après ? Je veux dire, qu'est-ce que cette loi a à faire avec la vie de tous les jours ? »

« Cela s'éclaircira bien assez vite, répliqua-t-elle. Pour le moi inférieur, la Loi de l'Unité n'est pas facile à saisir, parce qu'elle n'a aucun rapport avec notre perception habituelle des choses de la vie quotidienne. Il est donc important ici, en premier lieu, de reconnaître que, sur le plan de la réalité quotidienne, nous avons bien des corps, des esprits et des émotions distincts. Si une pensée me vient à l'esprit, cette même pensée ne te viendra pas automatiquement à l'esprit en même temps que moi. Si je ressens une émotion, tu ne sentiras pas obligatoirement la même chose. Si je me cogne le tibia, tu n'éprouveras pas de douleur. »

« La Loi de l'Unité est paradoxale, vois-tu, vraie et fausse en même temps, dépendant de notre état de conscience. Le fait que nous ne soyons qu'Un ou une multitude est plus une question de perspective personnelle que de réalité objective. Le sens commun nous dit que nous sommes distincts et séparés les uns des autres. La sagesse supérieure nous apprend que tous tant que nous sommes ne formons qu'Un. Un changement dans notre perception nous révèle que nous appartenons tous à la même conscience, même si nous nous manifestons sous des formes corporelles distinctes, comme les feuilles d'un arbre font partie de ce seul et même arbre. L'humanité, actuellement, oublie de regarder cette vérité supérieure et au lieu de cela, elle se concentre sur les différences, sur la division. Mais toi, cher pèlerin, tu n'oublieras pas, n'est-ce pas ? »

« Je n'oublierai pas, dis-je, mais je ne suis pas sûr de comprendre tout à fait. »

« Nous avons au moins fait le premier pas. Voyons maintenant où le second nous mènera », dit-elle en ramassant un gland sur le sol. « Quand nous observons ce gland, nous disons de lui qu'il est "un". Pourtant, il est composé de millions de molécules, cellules et atomes divers. Même d'un atome minuscule nous parlons comme s'il était "un" : pourtant lui aussi est composé de nombreuses particules et forces diverses. Quand nous étudions la Terre, nous disons d'elle qu'elle est "une" : cependant, elle est faite de terre, d'air, de feu et d'eau, y compris des milliers d'espèces, des milliards d'êtres vivants et des millions de milliards d'atomes. Alors, est-ce que le gland, l'atome et la Terre sont "un" ou multiple ? Et qu'en est-il de l'humanité ? »

Je ne trouvai rien à répondre. Je ne pus que réfléchir à la question. « Je suppose qu'il s'agit d'un paradoxe », dis-je en fin de compte.

« Oui, en convint la sage. Et puisqu'il en est ainsi, tu peux choisir la façon dont tu percevras la réalité, c'est-à-dire selon une perspective étroite ou selon une perspective élargie. »

« Regardons les choses sous un angle différent, continua-t-elle. Reconnais-tu, pèlerin, que le langage reflète nos perceptions les plus fondamentales, que la façon dont nous parlons et les termes que nous employons ont un rapport avec la façon dont nous percevons la réalité ? »

« Je dirais que oui. »

« Alors, lorsque tu dis : "J'entre dans ma maison", tu as l'impression que cette phrase a du sens, n'est-ce pas ? »

« Bien sûr. »

« Et celui qui dit "ma" maison est bien sûr distinct de la maison. Juste ? »

« Jusqu'ici je vous suis. »

« Bon ! Mais alors que veux-tu dire lorsque tu dis : "Je me sens bien dans mon corps aujourd'hui" ? Celui qui dit "mon" corps est-il également distinct de ce corps ? »

« Eh bien, je n'y avais jamais pensé avant. Je suppose qu'il s'agit seulement d'une façon de parler », répondis-je.

« Oui, c'est ça, poursuivit-elle. Mais tu as déjà convenu que le langage reflète fondamentalement notre vision de la réalité. Donc, cette phrase indique clairement que celui qui parle n'est pas son corps, mais qu'il est quelque chose qui a un corps. »

« Oui, je suppose que c'est le cas. »

« Est-il possible que notre langage soit le reflet d'une vérité encore plus profonde ? Poussons encore plus loin. Si celui qui parle n'est pas son corps, qu'est-il alors ? »

« Eh bien, je suppose qu'on pourrait dire qu'il est une âme, un Moi supérieur, qui a un corps ou vit dans un corps, quelque chose comme ça. »

« Très bien donc. Mais qu'est-ce que cela veut dire lorsque tu dis "mon âme" ou "mon moi supérieur" ? Qui est ce "je" qui parle ? »

« Je... je ne sais pas. »

« Serait-il possible que celui qui parle par le corps, celui qui dit "ma" maison, "mon" corps, "mon" âme "mon" moi supérieur, soit pure conscience dans le sens le plus vrai ? »

« Je... je ne sais pas. C'est un paradoxe, un... »

« Oui, c'est exactement ça. Penses-y bien, cher pèlerin ! La conscience qui regarde par le biais de milliards d'yeux n'est qu'Une. Elle est la Conscience unique de l'amour et de la sagesse infinis que nous nommons Dieu, celle qui regarde la vie se dérouler avec miséricorde et compassion, celle qui est vie elle-même. Se pourrait-il, même lorsque tu mènes ton train-train quotidien, avec tous tes désirs, préoccupations et rêves, que tu sois toi-même cette conscience qui se manifeste également dans tous ces corps et ces esprits, dans tous ces arbres, ces oiseaux et ces glands ? »

« Un instant, s'il vous plaît, dis-je, j'ai le cerveau qui va exploser. »

Elle se mit à rire. « Là est tout le problème justement, car ton cerveau ne peut pas comprendre ceci, mais toi, tu peux le sentir ou ne pas le sentir. Les fois où cela se produira, dans de rares moments d'expansion, ton mental connaîtra enfin le repos. Tu te sentiras dans une béatitude totale et tu connaîtras la paix et la joie à l'état pur. Avant que cela se produise, tout cela n'est que vaines paroles. »

Je soupirai en ayant la sensation que je ratais quelque chose d'important. Je voulais connaître d'expérience ce dont elle parlait.

Répondant une fois de plus à mes pensées les plus secrètes, la sage me souleva le menton et plongea son regard dans mes yeux. Je la fixai moi aussi et me perdis de plus en plus profondément dans ses yeux jusqu'à ce que son visage se mette à changer. Tout d'abord, je vis de la lumière autour d'elle. Puis, elle devint une très vieille femme, et ensuite un féroce guerrier, puis d'autres personnages, et, finalement, je ne vis plus que moi. Je ne veux pas dire voir ma réflexion. Non. Je veux dire que le lien entre nous était si profond qu'il n'y avait plus qu'un seul être et non pas deux.

Puis, je revins brusquement à la conscience habituelle. Nous étions assis en tailleur dans l'herbe tendre. Je restai muet et ébahi. « Et ceci n'est qu'un échantillon, cher pèlerin, dit-elle. Je ne te demande pas, avec ta conscience de tous les jours, de comprendre parfaitement l'Unité qui existe entre la création et toi, ni d'en faire l'expérience ou d'y croire. Cette expérience n'arrive que par la grâce. Mais une fois que tu as connu cette Unité ne serait-ce qu'avec un seul être humain, tu peux la connaître avec le monde entier. Une partie de toi, un endroit au fond de ton cœur, connaît dorénavant cette vérité supérieure. C'est pour cela que tu peux à tout moment te mettre en harmonie avec la Loi de l'Unité en choisissant de percevoir les autres – personnes chères, amis et ennemis indifféremment – comme des aspects de ton Moi supérieur. »

« Alors, la prochaine fois que tu te disputeras avec quelqu'un, ou que tu feras l'amour ou pratiqueras un sport, demande-toi ce qui se produirait si tu décidais de percevoir l'autre comme une facette de toi, si tu décidais de vous percevoir tous les deux comme ne faisant qu'Un. Demande-toi comment tu agirais. Comment cette nouvelle perspective pourrait influer sur tes relations. Ce qui pourrait arriver aux sentiments d'envie ou de jalousie. Demande-toi ce qui se passerait si l'intérêt personnel de l'ego se transformait en un intérêt personnel supérieur. Ne penses-tu pas que la concurrence se métamorphoserait en coopération une fois que tu aurais compris que même tes adversaires peuvent aussi bien être tes étudiants que tes enseignants, une partie de toi en somme ? »

« J'ai l'impression que cela pourrait changer presque tout. »

« Cette prise de conscience peut effectivement changer le monde, une âme à la fois », dit la sage.

« Certains maîtres et certains livres font allusion à ce concept d'unité. »

« Et peu de gens ont su recevoir ce qu'ils disaient, répondit-elle. Le monde est présentement en train d'atteindre sa maturation. Il est presque prêt à comprendre. Je ne parle pas de quelques idéalistes seulement, mais d'une multitude de réalistes qui reconnaissent que l'évolution humaine – l'existence humaine même – dépend de cette vision élargie de l'humanité, de cette vision d'Unité. Tout comme nos divers organes travaillent de concert pour le bien de notre corps tout entier, notre monde est à la veille de basculer d'un paradigme à l'autre dans l'intérêt du corps entier de l'humanité : la coopération à cœur ouvert viendra remplacer l'intérêt personnel compétitif. »

À ce moment-là, je compris pourquoi elle m'avait salué comme si j'avais été un frère perdu de vue depuis longtemps. Cette femme me considérait réellement, ainsi que toute autre personne, comme une partie d'elle-même. « Tu peux comprendre maintenant, dit-elle en faisant écho à ma réflexion, combien la vie me semble tellement drôle. Que je te parle, que je regarde un arbre ou que j'observe un cerf, je ne vois toujours et encore qu'une autre partie de moi. Je ramasse des baies et c'est comme... »

« Comme cette histoire de J. D. Salinger, continuai-je en l'interrompant, où un jeune garçon boit du lait et a la sensation de déverser Dieu dans Dieu. »

« Oui, pèlerin, c'est exactement comme ça. Et lorsque tu commences à considérer amis et adversaires, personnes chères et étrangers par le regard de l'Être unique, tous les dilemmes et tous les conflits se dissipent, toutes les blessures guérissent et tous les paradoxes se dissolvent à la lumière de cette vérité essentielle. C'est là que s'arrête toute recherche, parce que tu es en tous et partout. C'est là que cessent toutes les peurs parce que tu constates *de visu* qui tu es vraiment, c'est-à-dire une pure conscience qui ne s'éteint jamais. Dans l'Unité, les lois de l'Esprit trouvent leur achèvement : un état d'équilibre et d'équanimité, une foi totale dans les choix que tu fais et dans la façon dont se déroule ta vie, une grande patience alors que tu avances pas à pas dans l'éternel présent et de la compassion pour toutes les autres facettes de ton Moi. Avec la Loi de l'Unité, tu surmontes tous les doutes et toutes tes actions resplendissent d'intégrité. Après des vies et des vies de recherche, tu ne fais enfin plus qu'Un avec l'univers. »

La voix de la sage devint plus douce, comme si elle devenait songeuse. « Est-ce que tu arrives à saisir, cher pèlerin ? Sens-tu la vérité de mes paroles ? Comprends-tu que tu es l'enfant qui brûle dans un village déchiré par la guerre et que tu es le pilote qui décharge le feu de son avion ? Que tu es la mère et le nouveau-né, la victime d'une agression brutale et le violeur qui commet le crime ? Toutes choses accomplies au nom de Dieu ou du diable, tu les as faites. Le plus noble arborant des parures d'or et le plus humble couvert de loques, c'est toi. Tu te retrouves dans chaque acte de bienveillance ou de cruauté, de lâcheté ou de courage. Là où il y a le fou ou le sage et toutes les créatures qui marchent, nagent ou volent, tu es aussi. Unique ou multiple, noble ou vil, amer ou doux, tu es la Terre et ce qu'il y a dessus et dessous. »

« Tu es la Lumière qui scintille dans les yeux de tous les êtres, tu es vraiment Un. C'est pour cette raison que je connais tes pensées et que je peux parler de mes vies passées. Puisque nous ne sommes qu'Un, nous avons en commun toutes les vies passées, qui se produisent maintenant puisque le passé, le présent et le futur ne font qu'Un aussi. »

« Voulez-vous dire, demandai-je, que si j'en viens à un état d'unité aussi profond que le vôtre, je pourrais également capter la pensée des autres et connaître leurs vies passées ? »

« Bien sûr ! dit-elle en riant. Tu sauras tout ce que tu auras besoin de savoir pour pouvoir aider les autres. Mais, à ce moment-là, de tels pouvoirs ne t'intéresseront plus car tu seras en tous et en chacun. Quand tu t'harmonises avec la Loi de l'Unité, tout change, même si tout semble rester pareil. Tu mènes une vie ordinaire, comme moi. Tu sembles être une personne ordinaire, et pourtant le monde devient infiniment plus clément, intense, beau, fantaisiste et paisible. »

Nous émergeâmes d'un cercle d'arbres au feuillage protecteur et entamâmes notre descente pour retourner vers l'endroit où je retrouverais le sentier familier qui me ramènerait chez moi, car approchait le moment où nous devrions nous quitter. Pendant que nous marchions, la sage exposa une vision nouvelle de notre futur à tous : « Une conscience globale est en train de voir le jour, pèlerin, et nous nous trouvons en plein cœur d'une transition fondamentale. »

« Cette transition ne s'effectuera pas sans difficultés, mais ce Grand Éveil est aussi inévitable que le dernier soupir du mourant ou que le premier cri du bébé naissant. Au moment même où nous parlons, l'illusion de la séparation cède la place à une vérité supérieure, celle de notre unité. Le temps est venu d'ouvrir tout grands nos bras à la Terre car bientôt ce sera avec l'univers que nous devrons le faire. »

ÉPILOGUE

L'ADIEU DE LA SAGE

De temps à autre,
prends bien le temps de regarder
quelque chose qui n'est pas fait de main d'homme:
une montagne, une étoile,
le méandre d'une rivière.
Alors, surviendront en toi
la sagesse, la patience, et
surtout la certitude
que tu n'es pas seul en ce monde.

Sidney Lovett

Alors que la sage finissait de parler, nous arrivâmes sur un sentier familier : je sentis monter en moi la sensation que quelque chose était achevé. « Cela veut-il dire que ma formation est terminée ? »

« Tu viens de faire d'importants premiers pas, mais le voyage ne finit jamais », répondit-elle.

« Qu'en est-il de l'aide dont vous aviez besoin pour remplir une importante mission ? »

« Ceci, pèlerin, toi et de nombreuses autres âmes le découvriront le moment venu. La mission est en train de s'accomplir au moment même où nous parlons et tout cela fait partie du Grand Éveil. Maintenant, je dois partir. Je dois rencontrer sous peu une jeune femme en Angleterre, puis un grand-père en Espagne. Un enfant m'attend aussi en Allemagne, même s'il ne le sait pas, et il y a un soldat iranien en train de monter la garde qui m'appelle en silence. Je sens en eux une aspiration qu'ils ne peuvent pas nommer. Et il y en a encore bien d'autres, cher pèlerin, qui attendent comme toi tu as attendu. »

« Comment puis-je vous remercier », demandai-je.

« En vivant les lois, dit-elle. C'est suffisant. »

« Je ne vous oublierai jamais. »

« Quand tu te souviendras des lois, tu te souviendras de moi. » Elle posa ses mains sur mes épaules. Ses yeux, remplis de la lumière de la compassion, regardèrent au fin fond des miens. « Cher pèlerin, le temps que nous avons passé ensemble vient d'amorcer un processus d'apprentissage irréversible. Je t'ai livré ces lois non pas pour te contraindre mais pour te libérer. Elles viennent du plus profond de toi et sont les clés qui permettront à l'alchimiste que tu es de découvrir l'amour, la liberté, la joie et l'accomplissement. Elles constituent la pierre de touche de ta destinée humaine et du monde qui se trouve au-delà. »

« Tu n'as pas besoin de te souvenir de ces lois. Il te suffit de les vivre et elles transformeront ta vie. Ce sont des semences plantées en toi à tout jamais qui attendent le moment propice pour germer et pousser. Et elles pousseront, cela est certain, car le jardinier est toujours près de toi, te procurant ce dont tu as besoin. Ces germes fleuriront le moment venu et porteront les fruits du courage, de l'amour et de la compréhension. »

« Il n'y a rien qui puisse égaler leur pouvoir. Et pourtant, elles sont toutes tributaires de la Loi de l'Amour, car si tu perds le contact avec la sagesse de ton cœur, rien d'autre n'y fera. Si tu aimes, tu n'as besoin de rien d'autre. Ces lois libéreront l'amour emprisonné en toi pour lui permettre ensuite de se répandre dans la joie par et pour le monde, pour le bien de tous. »

« Voici ce que je souhaite qu'il t'arrive tous les jours de ta vie : Puisses-tu trouver la grâce en t'abandonnant à la vie. Puisses-tu également trouver la félicité en arrêtant de la chercher. Puisses-tu aussi en venir à faire confiance à ces lois et hériter de la sagesse de la Terre. Puisses-tu rétablir le lien avec l'essence même de la nature et bénéficier des bienfaits de l'Esprit. »

« Les défis de la vie quotidienne persisteront et tu auras tendance à oublier ce que je t'ai enseigné. Cependant, une partie profonde de toi se souviendra, et à ce moment-là, les problèmes ne pèseront pas plus lourd que des bulles de savon. S'ouvrira devant toi le sentier où autrefois ne poussaient que les mauvaises herbes de la confusion. Ton avenir, ainsi que celui de l'humanité entière, est un sentier qui mène vers la Lumière et qui conduit de plus en plus vers la réalisation de l'Unité avec le créateur et la création. Et ce qu'il y a au-delà ne peut se décrire. »

« Même lorsque le ciel est noir d'encre, sache que le soleil jette à jamais ses rayons sur toi, que l'amour t'entoure et que la Lumière en toi guide tes pas pour que tu retrouves le chemin qui te ramène chez toi. Fais confiance au déroulement de ta vie et sache avec certitude que, malgré les hauts et les bas que tu connais en chemin, ton âme est toujours sous la protection de l'Esprit. Sois guidé comme je l'ai été et connais la paix de Dieu. »

Sur ce, la sage reprit le sentier en montant et disparut rapidement. Au moment où je trouvai le chemin pour descendre, le soleil perça à travers la brume légère. Je jetai un dernier coup d'œil derrière moi en espérant peut-être apercevoir la silhouette d'une femme debout quelque part au-dessus de moi, à la lisière de la forêt. Mais ne voyant que ma propre ombre projetée sur le sol par le soleil couchant, je me dirigeai une fois de plus vers ma demeure.

TABLE DES MATIÈRES